# No dejes de respirar

## WALESKA ORELLANA

CASA
CREACIÓN

La mayoría de los productos de Casa Creación están disponibles a un precio con descuento en cantidades de mayoreo para promociones de ventas, ofertas especiales, levantar fondos y atender necesidades educativas. Para más información, escriba a Casa Creación, 600 Rinehart Road, Lake Mary, Florida, 32746; o llame al teléfono (407) 333-7117 en Estados Unidos.

*No dejes de respirar* por Waleska Orellana
Publicado por Casa Creación
Una compañía de Charisma Media
600 Rinehart Road
Lake Mary, Florida 32746
www.casacreacion.com

A menos que se indique lo contrario, el texto bíblico ha sido tomado de la versión Reina-Valera © 1960 Sociedades Bíblicas en América Latina; © renovado 1988 Sociedades Bíblicas Unidas. Utilizado con permiso. Reina-Valera 1960® es una marca registrada de la American Bible Society, y puede ser usada solamente bajo licencia.

Otra versión utilizada es la Santa Biblia, Nueva Versión Internacional® NVI® Copyright © 1999 por Bíblica, Inc.®. Usado con permiso. Todos los derechos reservados mundialmente.

Las escrituras marcadas como (TLA) son tomadas de la Traducción en Lenguaje Actual. Copyright © Sociedades Bíblicas Unidas, 2000. Usada con permiso.

Editado por: Nahúm Sáez
Diseño de la portada: Luis Zeno y Bill Johnson
Director de diseño: Bill Johnson
Foto de portada: José "Manolo" Hernández

Visite la página web de la autora: www.waleskaorellana.com

Library of Congress Control Number: 2011923157
ISBN: 978-1-61638-119-6
E-book ISBN: 978-1-61638-340-4

17 18 19 20 21 * 8 7 6 5 4 3
Impreso en los Estados Unidos de América

# Contenido

# DEDICATORIA

QUIERO HACER PÚBLICO, lo que ya tú sabes, quiero decir en voz alta lo que en secreto siempre te he dicho... que no tan solo este libro, sino mis sueños, todo lo que poseo, mi vida entera, siempre te las he dedicado a ti, mi Dios... ¡siempre he sido tuya!

Tuve que pasar un largo proceso para llegar hasta aquí. Hubo tiempos de rebeldía, de poca paciencia, dolor, desesperación y llanto, pero muchos más de formación, crecimiento, madurez, alegría, regocijo, abundancia y paz. Recibe lo que te pertenece Dios, acepta este libro como ofrenda de gratitud, es dedicado a ti que has sido todo para mí.

Te dedico una pasión escrita, que brota de mi corazón, para dejar plasmado un legado; dejo escrita una voz, que libremente está consagrada a alabarte y seguir proclamando que eres mi Dios.

Puedo hoy gritarles con estas palabras impresas que valió la pena haber esperado su tiempo. ¿Pueden escucharme reír? ¿Pueden sentir mi respirar? ¡Es que son nuevos comienzos! Grandes aventuras en una carrera de fe, que solo los que vemos al Invisible, podemos ser invencibles en Él.

—WALESKA

# AGRADECIMIENTOS

¡CÓMO NO SER agradecida! Como no comenzar dándote las gracias a ti, esposo mío, por haber sido mi más grande apoyo, mi confidente, mi amigo, ¡el amor de mi vida! Gracias porque siempre viste en mí lo que muchas veces apenas creí tener. Nos ha tocado difícil, pero ¡aún no hemos visto un imposible! Nuestras lágrimas han sido abundantes, aunque nunca tanto como para ahogarnos en ellas. Nuestras risas han sido muchas, sin olvidar la seriedad de nuestro compromiso con el llamado que juntos recibimos del Señor. Nuestro caminar juntos por la vida ha sido lo mejor que me ha podido ocurrir, todos los días le doy gracias a Dios por ti, amor mío, porque eres el mejor esposo que alguna Waleska pueda desear. Te amo Roberto... ¡gracias por ser parte de mi vida!

Isaac y Roberto... mis dos amores. Dios sabía que mi corazón era tan grande que iba a ser muy fácil que ustedes dos cupieran en él. Por eso los mandó en un solo embarazo a mi vida. Siempre han sido los niñitos de Cristo, ¿verdad? Los bebés de mami, aunque ya son todos unos adolescentes. Gracias por esas oraciones en las noches, por sus palabras de aliento y tanto amor. A mi bebé, que llevo dentro de mí. Hace solo unos días que nos enteramos de que estás con nosotros y ya te amamos; anhelamos verte. Mis tres hijos preciosos, con ustedes aprendí lo que es amar intensamente y ser amada incondicionalmente. Recuerden siempre que ustedes son ministros del Señor y que serán los mayores ganadores de vidas para el reino de Dios, porque su llamado es grande. Alcanzarán muchas naciones con la música, con su testimonio y la predicación de su Palabra... los amo mucho, estoy muy orgullosa de ser la mamá de ustedes.

A mi abuelita Lola, a todos mis tíos, a Iris, Sandra, Janice y toda nuestra familia en Puerto Rico, gracias por estar siempre apoyándome, por sus fuerzas y palabras de ánimo. A mi amada suegra Esterlina, a Débora, Carmen, Juan Carlos y toda nuestra familia en Chile. Gracias por sus oraciones y por la ayuda que siempre nos han brindado, los amo a toditos.

A Doris, mi señora madre, gracias por haberle creído a Dios, por no haber dejado de respirar en los momentos más duros de tu vida. Gracias por enseñarme el camino de la fe, el cual heredaste de nuestra matriarca, abuela Nilka, la cual pasó a morar con el Señor a sus 94 años de edad, cuando aún terminaba de escribir este libro y a quien mi prima Vanessa Ortiz le escribió este poema:

## TE PIENSO

Te pienso una vez más
Y vuelvo a llorarte

Te imagino sentada en tu sillón
Tarareando una canción a media tarde
Acompañada por la brisa que se escurre
Entre las ventanas a medio abrir.

Te figuro meciéndote armoniosamente
Cautivada por el acompasado ir y venir de tu cuerpo
Ajena a la tierna mirada de aquellos
Que te forjan detenida en el tiempo.

Ya somos cuatro generaciones de fe, y seguimos declarando y reclamando que todas nuestras siguientes generaciones le pertenecen a Cristo. Somos casa de levitas y ministros del Señor, entre quienes se incluyen mis dos bellas sobrinas: Alba Marie y Lyann Marie, joyas del Salvador.

A mis hermanos Pedro y Albert... los amo. A mi cuñada Alba y a mi padre Carmelo, su esposa Zulma y sus tres hijos que se han sumado a mi vida. Le doy gracias a Dios por ustedes, los amo a todos.

Quiero agradecer igualmente a los pastores y sus maravillosas congregaciones por recibirnos siempre con tanto amor; a nuestros amigos y hermanos en la fe que por tantos años han apoyado y patrocinado nuestro ministerio, a ustedes damos las gracias.

A nuestro equipo de trabajo, a la Editorial Casa Creación y en especial a la señora Lydia Morales por creer y respaldar esta pasión.

Aquellos que no he podido mencionar, pero cuyos caminos en algún momento se encontraron con el mío, recuerden que hay mucha gratitud en mi corazón por el aporte que hicieron a mi vida. Por las risas, por las lágrimas, por el aprendizaje, por las vacaciones, por los cumpleaños, por sus visitas y por nuestros encuentros… ¡gracias!

# PRÓLOGO

FUE EN UNA cárcel fría en el sur del mundo, allá en mi país natal, Chile, donde recibí a Jesucristo como mi Señor y Salvador. Para ese tiempo cantaba música de protesta en contra del gobierno militar de Pinochet y había caído preso por culpa de las malas amistades con las que andaba.

Como estaba encerrado en aquella cárcel, le prometí al Señor que cuando saliera de ese lugar iría a contarle y a cantarle a todo el mundo lo que Él había hecho conmigo. Prometí dedicarle toda mi juventud a Él, pero entre esas promesas, venía incluida una petición: "Señor, cuando tenga 27 años, regálame a mi esposa, dámela de cualquier rincón del mundo". Aunque oraba de esa forma, siempre imaginé que estaba en el Caribe.

Al salir de la cárcel, comencé a caminar con mi guitarra. Desde el sur del mundo, viajé rumbo al norte. Siempre tuve claro que a los 27 años ella iba a estar en mi camino, pero en ese tiempo solo contaba con 22.

¿Saben qué? Valió la pena esperar en Él. A la edad de 26 años ya me encontraba viviendo en Estados Unidos. Recuerdo que el mismo día en que cumplí 27, me puse a orar en el altar de la iglesia donde fui invitado a cantar, y le dije al Señor: "Ya cumplí 27, dime si mi esposa está aquí o no, para cantar bonito". Esa noche canté como nunca, terminó el concierto y no se me acercaron ni las hormigas.

Pasaron los 27 años y medio, mas no aparecía mi esposa. Ya me estaba preocupando, me miraba en el espejo y me hablaba a mí mismo, diciéndome: "Roberto, ¿qué pasa? ¡Si no eres tan feo, chico!".

Días más tarde recibí una invitación para cantar en Puerto Rico. La acepté, ya que nunca había visitado ese lugar. Así que tomé un avión y volé a una de las islas más bellas del Caribe, la llaman la Isla del Cordero. Gente linda, de un corazón extraordinario.

Cuando caminé por sus calles sentí que pertenecía a ese lugar. Sus playas y sus palmeras, sus tormentas repentinas y la suave brisa me enamoraron aun más de la isla.

Cientos de iglesias me daban la bienvenida. Me sentía muy feliz y cómodo entre los puertorriqueños. Fue en una de esas invitaciones como llegué a una iglesia en particular, la cual era muy grande. Siempre pensando que allí podría estar mi esposa, volví a cantar como nunca. Cuando terminé de cantar, e iba bajando las escalinatas de aquel hermoso templo en la ciudad de Bayamón, sentí que tocaron mi hombro. "Ahora es, Roberto", me dije rápidamente pensando que sería una joven, pero al voltearme y para mi sorpresa, era el pastor.

Me invitó, junto al presidente de los jóvenes de aquel tiempo, a regresar para que fuera a un programa de televisión que tenía y a otra actividad: una noche de talentos en la que participaría como jurado. Mi reacción fue instantánea. Le dije que sí. Uno de ellos me dijo que viera hacia el estacionamiento, donde había una señorita con una libreta en su mano. Ella sería la encargada de darme las fechas para que regresara y de una vez tomaría mis datos.

Yo la vi muy bien, me le acerqué y no solo me fijé en la libreta sino en toda ella. Me gustaron su pelo y su porte. Caminé rápidamente a donde se encontraba y dije: "¡Uao!, ¡qué lindo pelo tiene esa libreta!".

Desde ese día supe que ella era mi oración contestada. No se lo dije a ella para no lucir precipitado, pero sentí que me enamoraba y anhelaba que los días pasaran rápido para volver a verla. Ya no me importaban la noche de talentos ni el programa de televisión a los que había sido invitado.

Cuando nos empezamos a conocer, Waleska me confesó igualmente que yo había sido su oración contestada. Que ella le había pedido al Señor que no se le acercase, en esa etapa de su vida, ningún joven, a menos que fuese el escogido por Dios para ella.

Esta historia de amor es larga, lleva 19 años tejiéndose. En sus comienzos fuimos muy maltratados por los comentarios de la gente de corta visión. Al principio nuestra relación fue perseguida por aquellos renuentes a aceptar extranjeros entre ellos y todavía existen algunos que están sentados esperando que termine. Sin embargo, Dios no juega con la oración de nadie. Valió la pena esperar en Él.

Y permítanme decirles que a ella también le gustó mi pelo.

Nos "empelamos" y, fruto de nuestro "empelamiento", Dios nos regaló dos peluditos: Isaac Roberto y Roberto Isaac, que han venido a ser el regalo más bello de nuestra unión y la respuesta a la oración contestada. Y a ese hermoso obsequio divino se suma ahora la noticia bendita de que seremos nuevamente padres este año, ¡aleluya!

Cuando mi esposa estaba embarazada de los gemelos, me dijo que tenía que tomar clases de parto. Lo que yo no sabía era que los niños iban a nacer antes de tiempo, así que salimos de emergencia al hospital. Por eso en el parto, antes que ella diera a luz, se me olvidó todo lo que había aprendido en las clases de parto, cosas como el perrito, el tren y no sé qué otras técnicas más de respiración.

Se suponía que yo estaba allí para ayudarla, pero para serles sincero, me desmayé dos veces. Ella, mujer al fin con esa fuerza que las caracteriza, me daba ánimo a mí, que estaba tirado en el suelo, y a sí misma.

Les presento a una mujer apasionada por Dios y por su prójimo, una mujer que aun sufriendo dolores es capaz de levantar a otros. Lo hizo conmigo, dando a luz dos niños a la vez y apretando mi mano mientras me desmayaba.

Les presento a una mujer normal con virtudes y defectos, pero sin lugar a dudas, una servidora fiel. Soy testigo del amor, de la entrega y el servicio a Dios y su prójimo. Una mujer que ha estado a mi lado, hombro a hombro, siendo de gran ayuda en cada paso y decisión que hemos tomado.

Les presento a mi esposa, una mujer sabia que día a día perfuma nuestro hogar en las madrugadas con sus oraciones.

Juntos hemos recorrido las iglesias hispanas en los Estados

Unidos, nuestras iglesias en Centro y Suramérica, sin dejar a un lado el Caribe y Europa. Junto a Waleska, administramos siete comedores en las montañas de Honduras, donde se les da de comer todos los días a más de 550 niños lencas e igualmente auspiciamos un hogar de ancianos en la hermosa Isla de Cuba y otras dos misiones en la Gran Sabana, en Venezuela, con los indios pemones.

Waleska, mi amor, gracias por enseñarme a respirar... te amo, Este poema se lo escribí a ella el año 1996:

> He navegado en tu mar,
> He dejado mis huellas en tu arena,
> Mi cordillera helada
> Se ha descongelado en tu sol caribe,
> Y entre mar y cordillera
> He sembrado un mañana que son mis hijos,
> Dos fuentes de aguas claras
> Que tú, mi amor, me diste en estas playas,
> Por siempre tuyo...
> —Roberto Orellana

# Introducción

En mi lucha interior con cómo presentar mis escritos, el e-mail de Catalina cambió mi dirección. Nunca pensé que unas palabras tan sencillas, con tanta necesidad y hambre de una respuesta me hicieran reflexionar de esta forma.

Agradezco al Señor porque siempre me deja saber cuál es el próximo paso y, en este caso en particular, usó a Catalina como faro para alumbrarme el camino a seguir.

A través de las páginas que tenemos en Internet nuestros hermanos y amigos pueden presentar diariamente sus peticiones de oración con sus necesidades, por las que quieren que oremos, y nosotros —en las madrugadas— presentamos cada una de ellas al Señor.

Catalina no fue la excepción, me escribió desde el hermoso país de Venezuela, su marido la abandonó y quedó sin trabajo siendo madre de dos niños.

En su correo electrónico esta mujer me explica que al quedarse sin trabajo, en su desesperación, pidió un dinero prestado a las personas inadecuadas, para intentar comenzar un negocio propio, el cual no progresó.

Su e-mail dice lo siguiente: "Hoy solo me quedan mis hijos y mucha gente que quiere matarme porque le debo mucho dinero. Y se lo debo a unos hombres inescrupulosos. Inclusive, pastora, uno de esos prestamistas disparó a la ventana de mi cuarto el día de las madres. Gracias a Dios no logró matarme. Estoy vendiendo mi casa, que es lo único que me queda, para poder pagar las deudas que tengo, para que así no me maten ni a mí, ni a mis hijos. Tengo ocho meses intentando vender la casa y nadasucede".

Catalina concluye su carta diciéndome: "Me siento muy deprimida, y estoy agotada de tanto llorar mis penas y de pedirle a Dios que haga el milagro que espero. Ayúdeme... dígame qué puedo hacer; por favor, ayúdeme".

1

Sin lugar a dudas, la situación de esta mujer es representativa del tiempo en el que estamos viviendo. A través de la tecnología su camino se cruzó con el mío, y me dejó entrever en un breve correo electrónico los momentos difíciles por los cuales está pasando y la necesidad urgente de encontrar ayuda ante la crisis que está atravesando.

Como el de Catalina, son muchos los correos y mensajes que recibimos diariamente procedentes de personas en espera de una palabra, un mensaje, una respuesta a su necesidad puesto que están sedientos de una solución. Es probable que yo no tenga los recursos como para suplir las necesidades de Catalina en el lejano lugar donde se encuentra, pero ella puede contar con mi oración. Sí. Nuestra oración, querido hermano y amigo, puede mover la mano de Dios y provocar milagros en las vidas de otros.

Es por eso que surge *No dejes de respirar*, un libro que nace entre los gritos en el silencio y las voces sin rostros que están a la espera de una ayuda, a la espera de una respuesta a su triste realidad, a su soledad, a su vacío y a su dolor.

*No dejes de respirar* brota de la necesidad imperante que existe en el Cuerpo de Cristo de que se rescate la oración, de la urgencia de que se hallen personas comprometidas con el dolor de los demás.

No podemos dejar que la oración muera en nuestras vidas, en nuestras iglesias ni en nuestras reuniones. No podemos seguir caminando en este mundo con indiferencia al dolor y a la necesidad del que tenemos a nuestro lado. Necesitamos un avivamiento y una revolución de amor en pro de nuestro prójimo.

*No dejes de respirar* nace por la necesidad que existe de levantar e impactar a nuestra descendencia y a las futuras generaciones de creyentes para que se apasionen por la oración. No oraciones yoístas o egoístas, sino apasionadas e interesadas en interceder por aquellos que tienen problemas o situaciones difíciles a nuestro alrededor.

Hoy día, a nuestro prójimo no solo lo encontramos a nuestro alrededor, también lo podemos encontrar en la pantalla de un computador. Los avances tecnológicos nos han llevado a un nivel de comunicación inimaginable, porque a través de tu computadora puedes comunicarte con cualquier rincón del mundo. Nuestros jóvenes se comunican entre sí mediante el *texting* (texteo), usando abreviaciones y un lenguaje que no todo adulto puede entender.

La tecnología avanza, por lo que es nuestro deber ponernos a la par de ella para lograr una mejor evangelización. Toda esa tecnología moderna es una herramienta que está a nuestra disposición, usémosla con inteligencia para extender el reino de Dios por todo el mundo.

Por otro lado, la oración fue escogida por Dios, fue el medio que inventó para que tú y yo nos comuniquemos con Él. Utilízala, es eficaz, no tiene límites y es poderosa.

Es muy cierto que los problemas, las crisis y todo lo ocurrido en el pasado nos cambia, y es verdad lo que dicen, que ya no somos los mismos. Por eso me presento ante ustedes así... no siendo la misma. Si miras bien mi alma, encontrarás cicatrices, heridas y huellas que son secuelas del camino pedregoso por el cual he tenido que pasar.

Deseo, por tanto, compartir contigo la herramienta que me ayudó a sobrevivir en la crisis y los testimonios de otras personas que pudieron superar grandes pruebas cuando estas golpearon sus vidas.

Quiero compartir contigo cómo me mantuve respirando a pesar de que me sentía extenuada, afligida, desamparada y asustada. La fortaleza que obtuve por mi experiencia, la encontré en Dios y en la oración. Y si esos pasos me ayudaron, deseo que los conozcas porque sé que serán valiosos para ti.

Aunque me sentí olvidada en muchas ocasiones y que luchaba sola, entendí después de mucho tiempo que Dios y yo éramos mayoría. Fue un proceso de aprendizaje lento, duro, muy duro pero eficaz.

Sin embargo, me mantuve viva por la oración. La única manera en que pude sobrellevar esos momentos duros, esas horas difíciles, fue respirando con la oración y las promesas de Dios plasmadas en su Palabra. Así que cuando los problemas de la vida, y las situaciones adversas, parezcan que te están ahogando, ponte la máscara de oxigeno de la oración.

Cuando pienses que exhalas tu último suspiro, tu último aliento de vida... no olvides que hay esperanza para vivir, para seguir respirando, para seguir viviendo a través de la fe que se desata con el poder de la oración.

Recuerda que no hay dolor que sea tan grande como para que Dios no lo pueda sanar. Y que Dios está atento para ayudarte, levantarte, restaurarte, bendecirte y darte ese final feliz que tanto deseas para tu vida. Él puede sanar tu dolor.

Te invito, por tanto, a reflexionar en las palabras del ministro bautista británico, Robert Hall, cuando expresó en una ocasión: "La oración de fe es el único poder en el universo al cual el gran Jehová se rinde".

Por todo ello debo destacar nuevamente que: "Una oración de fe puede mover la mano de Dios y provocar milagros en tu vida y en las de los que te rodean".

Pero, ¿qué pasó con Catalina? Debo informarte que su oración unida a la nuestra, definitivamente movió la mano de Dios y pudo vender su casa, para pagar sus deudas y vivir en paz junto con sus hijos.

Hay muchas mujeres como Catalina en el anonimato; son mujeres valientes, que han creído que Dios —de alguna forma— proveerá para sus vidas. Mujeres esforzadas, atrevidas y conquistadoras que nacen de las grandes dificultades de la vida.

Mis amigos, los beneficios de la oración son incalculables. A través de ella tenemos acceso a Dios. Por ello te insto a que no dejes de ejercer ese derecho que te has ganado al convertirte en hijo de Él. La oración es un regalo, un privilegio y la única llave que abre las puertas de los cielos. Recuerda que orar es hablar con Dios... Así que ¡*No dejes de respirar*!

# Presentación

No creo en coincidencias, ni en la casualidad y mucho menos pienso que tú y yo nos hemos encontrado en este libro por accidente. Yo creo en las citas divinas, en que Dios siempre tiene un plan, cuando de bendecirnos se trata. Pero primero permíteme presentarme. Mi nombre es Waleska Orellana y soy oriunda de una de las islas más bellas del Caribe, Puerto Rico. Claro, si fueses puertorriqueño como yo, te habría dicho que soy una "jíbara agradecía" con grandes aspiraciones, te cantaría un le, lo, lai y te diría como Gloria Vidal de Albo en su libro *Nostalgia*:

> Jíbaro... no disimules,
> ¡nunca niegues tus raíces!
> En Cristo somos felices.
> ¡Deja salir tu cultura...!
> Como cuando allá en la altura,
> El guaraguao se levanta;
> Y en la montaña el río canta.
> Cántale a Dios... ¡Aleluya!

No siempre he tenido buen humor ni he sido tan optimista, no soy perfecta, ni está en mis planes inmediatos el querer serlo. Pero trato de esforzarme cada día con la ayuda de mi Dios para ser una mejor mujer, un mejor ser humano, una mejor esposa, madre, hija y amiga.

Trato de enfocarme en lo que creo y en lo que Dios tiene reservado para mí, a pesar de cómo me sienta. Aunque nada ha sido fácil, a veces se me olvida, pero la perseverancia combinada con la ayuda de mi Dios y la oración, me han hecho llegar a donde me encuentro hoy y me seguirán llevando a lugares más altos, hasta que se vea cumplido el propósito de Dios en mi vida.

Un día leí una gran verdad que decía: "Si deseas ver

cumplidos tus deseos, sueños y metas… ¡comienza a ignorar tus circunstancias!". Y a eso le añado: "Si hasta tienes que ignorarte a ti mismo, de vez en cuando, hazlo. Cuando amanezcas vulnerable, depresivo e irritable… haz algo sencillo: ignórate, pero sigue adelante con tus sueños y tus metas, recordando siempre que el centro de tu vida es Cristo y que su Espíritu Santo siempre te guía".

Hay cosas que me dejan sin respiración, cosas como la traición, la hipocresía y la subestimación, pero otras me llenan de oxígeno, como el amor, el agradecimiento y el compromiso.

Amo a mi familia, me siento muy bendecida por los hermosos hijos gemelos que tengo —Isaac Roberto y Roberto Isaac—, por el bebé que viene de camino y por el esposo tan increíble que Dios me ha permitido tener. Con ellos supe lo que es amar incondicionalmente y sentir lo que es ser amado tal y como eres.

Son muchos los años que llevo en este hermoso caminar en el evangelio ya que, además, he pasado mi niñez y mi juventud en la iglesia.

Con mi esposo he tenido el honor de transitar durante muchos años por casi todas las iglesias hispanas de los Estados Unidos, Centro y Suramérica, sin dejar de lado el Caribe y Europa, llevando el hermoso mensaje del evangelio y compartiendo con nuestros hermanos las buenas nuevas de salvación.

Actualmente tenemos siete comedores en las montañas de Honduras, en donde se les da de comer todos los días a más de 550 niños lencas e igualmente auspiciamos un hogar de ancianos en la hermosa isla de Cuba y otro en la Gran Sabana con los indios pemones, en Venezuela.

Defino al evangelio como amar a Dios con todas tus fuerzas y a tu prójimo como a ti mismo. Creo que es sencillamente genial, simple e interesante. Si no lo ves de la misma forma que yo, por lo menos dame el beneficio de la duda y no cierres este libro. Permíteme presentarte mi mundo, mi caminar, mis vivencias y mis experiencias. Te invito a caminar conmigo a través de la lectura y si necesitas descansar, recuerda que te estaré esperando.

Algunos de los nombres que he utilizado en este libro han sido cambiados para proteger la privacidad de aquellos que así lo han pedido.

Si me preguntas qué relevancia tiene este libro, te diré con mucha convicción y seguridad que en él podrás ver personas ordinarias que son muy capaces de hacer cosas extraordinarias con Dios.

Lo extraordinario ocurre cuando una ama de casa, una mujer sencilla —como yo—, descubre que ya no es más "invisible" sino "invencible" en las manos de Dios. Lo extraordinario surge cuando te propones seguir adelante con tu vida, entendiendo que no hay nada ni nadie que te pueda impedir lograr tus sueños y metas. Y cuando digo nada, es nada; ni posición social, ni estatus legal, ni idioma, ni educación, ni empleo, ni amigos ni familia… ¡nada! Con Dios de tu lado obtienes el extra que necesita todo ordinario.

—WALESKA

# Primera parte:

## RESPIRA

*uno*

# ESPERA UN POCO MÁS... TEN FE

UNO DE LOS problemas comunes en la historia de la humanidad es el abandono del hogar. Es tan latente hoy como lo ha sido siempre. Cuando una mujer es abandonada por su marido y dejada sola con sus hijos, siente literalmente como si le desgarraran el corazón, siente un dolor tan grande que es casi inimaginable pensar que algún día se podrá recuperar de tan terrible traición. Cuando un hijo se enferma, el hogar se estremece. Confusión, desesperación y frustración son algunos de los sentimientos más comunes en esos primeros días.

Cuando los hijos abandonan el hogar con rebeldía o siguen el terrible camino de las drogas o llegan a prisión, se llevan consigo la felicidad del hogar, es más, hacen que la sonrisa se esfume de los rostros de unos padres que darían todo porque el tiempo se devolviera para evitar que sus hijos sufran.

Cuando llega el día fuerte, cuando te alcanza la crisis y entra —sin permiso— la adversidad a tu vida como lo hizo en la mía. Cuando los momentos duros, llenos de amargura, de desesperación y soledad, tocan a tu puerta, casi siempre suelen hacerlo cuando menos los estamos esperando.

¿Te has dado cuenta de eso? Nadie espera la enfermedad, nadie se sienta a esperar que un familiar muera ni, mucho menos, nadie pide como regalo de cumpleaños la infidelidad de su cónyuge.

Los días difíciles suelen tener ganchos o puños muy fuertes —como los de un campeón de boxeo peso completo—, y aunque los esperemos golpean muy duro nuestras vidas.

Cuando entras en el desierto, todo en tu entorno se encarga de que no te quede duda alguna de que te han llegado los días difíciles. Cuando llega la noticia de una enfermedad, de una pérdida, de un divorcio, de una bancarrota, de un fracaso, unos empiezan a sentir como un vacío en el estómago, algunos sienten casi al instante que se les altera su sistema digestivo; otros tienen que vomitar; y aun otros simplemente quedan conmocionados o comienzan a llorar.

Nuestras reacciones ante las pruebas suelen ser diversas, pero al final, siguen siendo eso, pruebas y, aunque no las escojamos, podemos decidir cómo vamos a enfrentarlas.

El miedo o el temor a lo desconocido o al dolor es el mismo, presentado de diferentes formas. Déjame darte un ejemplo muy sencillo, como cuando te comes un pedazo de pollo. Puedes comértelo frito, asado, guisado o empanizado, pero a fin de cuentas, sigue siendo pollo.

Todos tenemos que pasar por pruebas o circunstancias adversas, pero estas suelen llegar o presentarse de diferentes maneras. Ese frío que sientes que te recorre todo tu cuerpo es el miedo. Ese miedo es como una inyección letal que comienza muy sutil y lentamente a recorrer tus venas y te va paralizando hasta convertirse en terror, pánico o angustia. En realidad, son los mismos sentimientos que sienten todos los demás: el desamparo, la soledad, el abandono y la incomprensión; todos ellos miembros de la misma familia que suelen acompañar las crisis.

Muchos tienen la errónea idea de que los cristianos no pasamos por situaciones difíciles y por problemas. Lo único que puedo decirles y lo que hace la gran diferencia, es que al acudir a Cristo, nuestros problemas ya no los enfrentamos solos. Con Dios en nuestras vidas, podemos contar con un gigante a nuestro lado que es mayor que la dificultad y, mejor aun, podemos descansar en Él.

La salvación no elimina nuestros problemas, sin embargo, tenemos que comenzar a confrontarlos. Cuando estamos en medio de problemas y dificultades necesitamos acudir a Dios, acercarnos a Él y, sobre todo, entregarle el control de nuestra vida. "Sin estabilidad espiritual, no hay estabilidad emocional".

En la Palabra de Dios, específicamente en Mateo 11:28, declara: "Venid a mí todos los que estáis trabajados y cargados, y yo os haré descansar". De modo que cuando vengan situaciones adversas a tu vida, acércate a Dios, preséntale lo que te está ocurriendo y pídele dirección en cuanto a lo que debes hacer; luego, descansa en Él. Deuteronomio 31:8 (NVI) afirma: "El Señor mismo marchará al frente de ti y estará contigo; nunca te dejará ni te abandonará. No temas ni te desanimes". Fue este versículo, precisamente, el que cobró vida cuando a nuestra amiga Norma Iris, le llegó el cáncer sin invitación.

En 1995, en mi país natal, Puerto Rico, mi esposo y yo vivíamos en un apartamento de dos cuartos, pero con la llegada de los gemelos, buscamos una casa que tuviera patio para que nuestros hijos de dos años pudieran correr y jugar. No sabíamos que a pocos pasos de nuestra nueva residencia vivía una mujer extraordinaria con una gran historia de fe, Norma Iris.

Su esposo llegó a ser nuestro pastor durante el tiempo que vivimos allí. Su simpatía y peculiar llamado pastoral —24 horas los 7 días de la semana—, lograron cautivar nuestra atención y nuestro más profundo respeto por su llamado.

Siempre llegaba a nuestro hogar muy originalmente, algunas veces pidiendo café, en otras ocasiones con un megáfono, pero en cada una de sus visitas dejaba una gran bendición en nuestro hogar y sacaba tiempo para que oráramos con él.

Fue a través del pastor Morales que conocimos a Norma Iris, su hermosa esposa, madre de dos hijos y la que luego se convertiría en la maestra de los nuestros en el colegio.

En septiembre de 2007, cuando llevábamos cinco años viviendo en Miami, Norma fue diagnosticada con cáncer del seno. Ella me confiesa que al instante de recibir la noticia sintió que su vida se derrumbó. "En ese momento me fue difícil aceptarlo y vino a mi mente la consabida pregunta: ¿por qué a mí, Señor?", afirmó en una carta Norma.

Esa primera noche, después de que le dieron el diagnóstico, fue muy difícil. Mientras su familia intentaba descansar, ella no podía conciliar el sueño, por lo que decidió levantarse e ir al lugar donde suele hablar todos los días con su Dios. "Sólo me salían lágrimas —mencionó en su carta—, pero en pocos minutos comencé a alabar a mi Dios y le dije: 'Gracias Dios, porque aun cuando no lo entiendo, algún propósito tendrás. Te alabo y te bendigo y solo quiero serte fiel'."

No cualquiera puede hablar o decir algo así en un momento tan crítico como ese. Solo una persona que ha conocido y experimentado el poder de Dios en su vida, puede hacerlo.

En una ocasión, escuché decir que hay que saber aprovechar los tiempos buenos, a fin de que cuando lleguen los malos podamos tener la suficiente salud mental y espiritual para hacerles frente, y eso es lo que sucedió con Norma.

Por eso no me canso de repetir las palabras que en una ocasión escuché de labios de un pastor amigo nuestro: "Este es el tiempo en que a Dios le gusta actuar y hacer lo imposible, si se lo permitimos; el tiempo de las manos vacías, cuando todo lo humanamente posible se hizo y nada se pudo lograr".

Norma se tuvo que someter a tratamiento de quimioterapia. Nunca fue sola, porque antes de salir de su casa se tomaba de la mano de su esposo y encomendaban el tratamiento en las manos del Señor. "Sabíamos que Él nos acompañaba", decía ella.

Mientras aquel líquido circulaba por su cuerpo, Norma repetía los salmos y confesaba que Dios estaba con ella, sentía que se filtraba un refrigerio más poderoso que venía del cielo y que le daba nuevas fuerzas y fe para continuar y no rendirse.

"Soberano Señor y Dios mío, dueño de mi vida, te reconozco, te alabo y te doy gracias. Gracias porque, como el salmista David, puedo afirmar que 'el día que clamé me respondiste, me fortaleciste con vigor en mi alma'. Y es que tú siempre nos escuchas, tus oídos están atentos a la voz de nuestra súplica. Aunque parezca que estás lejos, cuando pasamos por la prueba, es que más cerca estás. Te amo Dios."

Norma tuvo que pasar por el valle de sombra y de muerte, pero declaraba: "No temeré. Porque mi buen Pastor, que siempre cuida de nosotros, con su vara y su cayado aún nos infunde aliento".

"Gracias porque aunque no entendamos el porqué de nuestra prueba, sabemos que a los que te aman todas las cosas obran para bien y el propósito tuyo se cumplirá en nosotros."

Norma se refugió bajo sus alas y solo la oración le dio una nueva canción.

"Gracias Dios porque aprendí a valorar la vida y la de los que me rodean. Gracias por hacerme más sensible al dolor de otros y porque con mi experiencia puedo interceder por aquellas mujeres que les ha tocado pasar por la misma prueba. A ti clamé y me sanaste. Oh Jehová, hiciste subir mi alma del Seol; me diste vida para que no descendiese a la sepultura."

Norma concluye su carta diciendo:

"Sentí una paz muy grande, desde ese momento solo puedo dar gracias a Dios por tanta gente buena que no me dejó sola. Me cubrieron con sus oraciones, me apoyaron con sus bondades y me alegraron con sus palabras. No puedo dejar de agradecer a mi esposo Miguel Antonio Morales, a mis hijos Michelle y Miguel, a toda mi familia, mi iglesia en Buena Vista, a mis compañeros de trabajo, hermanos de otras denominaciones y amigos que intercedieron en oración por mi salud.

"Estoy muy agradecida de ti, Waleska, y sobre todo de tu esposo Roberto porque fueron los instrumentos que Dios usó para aumentar nuestra fe a través de su música, gracias.

"Gracias Jesús, porque en la cruz del Calvario llevaste toda mi enfermedad y por tus heridas yo fui sanada. Creí tu Palabra y reclamé mi sanidad. Y hoy puedo decir que cambiaste mi lamento en alegría. Te amo mi Dios".

Norma obtuvo su milagro y fue sanada de cáncer, y junto a su esposo continúan pastoreando la Iglesia de Buena Vista en Bayamón, Puerto Rico.

Te invito a leer el Salmo 31 como una declaración de confianza y de que acepto el reto de David cuando termina este cántico diciendo: "Esforzaos todos vosotros los que esperáis en Jehová, y tome aliento vuestro corazón". El salmista recita con gozo:

*En ti, oh Jehová, he confiado; no sea yo confundido jamás; líbrame en tu justicia.*

*Inclina a mí tu oído, líbrame pronto; sé tú mi roca fuerte, y fortaleza para salvarme. Porque tú eres mi roca y mi castillo; por tu nombre me guiarás y me encaminarás. Sácame de la red que han escondido para mí, pues tú eres mi refugio. En tu mano encomiendo mi espíritu; tú me has redimido, oh Jehová, Dios de verdad. Aborrezco a los que esperan en vanidades ilusorias; mas yo en Jehová he esperado. Me gozaré y alegraré en tu misericordia, porque has visto mi aflicción; has conocido mi alma en las angustias. No me entregaste en mano del enemigo; pusiste mis pies en lugar espacioso. Ten misericordia de mí, oh Jehová, porque estoy en angustia; se han consumido de tristeza mis ojos, mi alma también y mi cuerpo. Porque mi vida se va gastando de dolor, y mis años de suspirar; se agotan mis fuerzas a causa de mi iniquidad, y mis huesos se han consumido. De todos mis enemigos soy objeto de oprobio, y de mis vecinos mucho más, y el horror de mis conocidos; los que me ven fuera huyen de mí.*

*He sido olvidado de su corazón como un muerto; he venido a ser como un vaso quebrado. Porque oigo la calumnia de muchos; el miedo me asalta por todas partes, mientras consultan juntos contra mí e idean quitarme la vida. Mas yo en ti confío, oh Jehová; digo: Tú eres mi Dios. En tu mano están mis tiempos; líbrame de la mano de mis enemigos y de mis perseguidores. Haz resplandecer tu rostro sobre tu siervo; sálvame por tu misericordia. No sea yo avergonzado, oh Jehová, ya que te he invocado; sean avergonzados los impíos, estén mudos en el Seol.*

*Enmudezcan los labios mentirosos, que hablan contra el justo cosas duras con soberbia y menosprecio. ¡Cuán grande es tu bondad, que has guardado para los que te temen, que has mostrado a los que esperan en ti, delante de los hijos de los hombres! En lo secreto de tu presencia los esconderás de la conspiración del hombre; los pondrás en un tabernáculo a cubierto de contención de lenguas.*

*Bendito sea Jehová, porque ha hecho maravillosa su misericordia para conmigo en ciudad fortificada. Decía yo en mi premura: Cortado soy de delante de tus ojos; pero tú oíste la voz de mis ruegos cuando a ti clamaba. Amad a Jehová, todos vosotros sus santos; a los fieles guarda Jehová, y paga abundantemente al que procede con soberbia. Esforzaos todos vosotros los que esperáis en Jehová, y tome aliento vuestro corazón.*

Si te encuentras abatido, con angustia o desesperación y no sabes qué hacer con todos los problemas que se te vienen encima, debes detenerte, necesitas tener un encuentro personal con el Señor Jesucristo. Necesitas respirar profundo por un instante y recibir la paz de Dios: "Vengan a mí todos ustedes que están cansados y agobiados, y yo les daré descanso" (Mateo 11:28).

Dale el control de tu vida a Dios, ríndete a Él. Entrégate, dale todo lo que tengas, dáselo a Él y solo recibirá a cambio su paz. Su único deseo es vernos equilibrados emocional, física, social y espiritualmente, lo cual nos permitirá funcionar como lo que somos, como sus hijos. "El Señor mismo marchará al frente de ti y estará contigo; nunca te dejará ni te abandonará. No temas ni te desanimes" (Deuteronomio 31:8, NVI).

Que palabra tan poderosa, ¡hazla tuya! Hay un potencial de Dios dentro de ti, hazlo salir y crecer. Tienes que confiar en el potencial que fue depositado en ti y aprender a tomar decisiones.

Recuerda que no naciste para cargar con los problemas y las penas de otros, no te dejes manipular por los demás ni por los recuerdos del pasado. Él promete en su Palabra estar al frente nuestro, haciendo camino y sin abandonarnos.

Busca sus promesas en la Biblia y hazlas tuyas, aférrate a ellas, como se aferra el que se está ahogando a un salvavidas, así nos vamos agarrar de las promesas que están escritas en su Palabra… ¡solo aguanta un poco más! "Mantengamos firme la esperanza que profesamos, porque fiel es el que hizo la promesa" (Hebreos 10:23, NVI). Una de las mejores cualidades de nuestro Dios, es que es fiel. Dios es fiel. Alégrate porque Él cumple sus promesas, cumple su palabra.

"Alégrense siempre en el Señor. Insisto: ¡Alégrense!… No se inquieten por nada; más bien, en toda ocasión, con oración y ruego, presenten sus peticiones a Dios y denle gracias. Y la paz de Dios, que sobrepasa todo entendimiento, cuidará sus corazones y sus pensamientos en Cristo Jesús" (Filipenses 4:4, 6, 7, NVI).

En el Salmo 121, encontramos una de esas grandes promesas. Cuando ya no encuentres respuesta alguna y estés agotado de tanto buscar, llorar y pensar, alza tus ojos y mira a Dios, porque ¿de dónde ha de venir mi ayuda? Mi ayuda proviene del Señor, creador del cielo y de la tierra.

Pablo y Silas en Hechos 16, fueron azotados y encarcelados sin haber tenido un juicio. Pero en medio de sus sufrimientos y angustias, ellos oraban y cantaban alabanzas a Dios. El pasado con toda su injusticia y su dolor, no se puede cambiar. Pero puedes decidir perdonar y ser libre. Orar y cantar son las evidencias de que confiamos en un Dios sanador y justo. Deja que Dios te guíe a un nuevo comienzo.

A través de un correo electrónico, me escribe "María" y me dice lo siguiente:

"Dios la bendiga, necesito la oración, soy recientemente convertida a Cristo y en el pasado cometí muchos errores y malas decisiones. Tan terribles que han hecho que el papá de mis hijas tenga la custodia de ellas hoy y no se me permita verlas.

"Siento que mi corazón se me desgarra porque aún guardo sus regalos de cumpleaños en mi casa. Cumplieron en octubre y ya es diciembre, se acercan las navidades y no sé cómo estarán. Sé que Dios ha perdonado mis faltas y vivo más que agradecida por eso, ahora necesito la ayuda en oración pues sé que mis hijas me necesitan mucho. Dios tiene el control de todo y sé que estoy pagando mis consecuencias y lo acepto, pero también sé que en Cristo ya tengo la victoria, gracias por el apoyo y las oraciones".

Que panorama más difícil el de esta mujer, pero nos pusimos de acuerdo en oración. Sabemos que la oración desata el gran poder de la fe. María comenzó a imitar la actitud de Pablo y Silas; dejó su situación oscura en las manos del Señor y decidió esperar con fe.

Varias semanas después María se volvió a comunicar con nosotros. Me informó lo siguiente:

"Dios les bendiga a todos, agradezco infinitamente sus oraciones. El pasado sábado escuché, mientras limpiaba mi casa, la voz de un hombre que me llamaba con insistencia desde la calle. Hermana, era el papá de mis hijas que venía a traérmelas para que pasaran toda la temporada de Navidad conmigo. GLORIA A DIOS. Hermana, me siento tan feliz que no tengo palabras para describir lo que siento. Es un agradecimiento profundo a mi Dios, que ha tenido misericordia y se ha acordado de mí una vez más".

"Tened fe en Dios", dice el evangelista Marcos (11:22, RVR60) en su obra magna. Recuerda que la fe cubre toda petición, necesidad, escasez o problema. Disipa toda ansiedad, afán, temor o dolor que sientas y te da la paz, la esperanza y el descanso que tanto anhelas. "Tú guardarás en completa paz a aquel cuyo pensamiento en ti persevera" (Isaías 26:3). Cuán grande e ilimitado es el *poder de la fe*.

Si Dios hizo los cielos y la tierra, ¿cómo no va a solucionar tu problema, cómo no te va sanar, cómo no se va a ir esa depresión, cómo no va a salvar a tu hijo o a tu esposo? Jehová es tu guardador. "El Señor te protegerá; de todo mal protegerá tu vida. El Señor te cuidará en el hogar y en el camino, desde ahora y para siempre"… ¡TEN FE!

## REFLEXIÓN

*En las primeras horas del día… visítame oh Dios. Levantarme en las madrugadas para encontrarme contigo es una experiencia muy íntima y personal, que termina convirtiéndose siempre en un beneficio para los demás.*

*Al despertar cada mañana, dejando a un lado la comodidad de mi recámara, me alisto apresuradamente para poder encontrarte, ¡oh amado mío…! Como se* alista la novia el día de sus nupcias y se perfecciona para su amado, así diariamente se prepara mi espíritu para encontrarse contigo.

Una vez preparada y lista para nuestro encuentro, en medio de la oscuridad que abarca los rincones de la casa, busco a tientas y con mucho cuidado la música perfecta para entrar en amoríos con mi amado. Melodías gloriosas que inspiran a una novia a buscar desesperadamente de su Señor.

Es ahí cuando logro llegar a nuestro lugar secreto, a nuestro escondite preferido para solo quedar ahí, esperando por ti, deseando pacientemente que nuestro diario encuentro se dé.

Cuánto te anhela mi ser, cuánto te anhela mi corazón, todo mi cuerpo y mi espíritu necesita de ti. Cada encuentro contigo es diferente, es increíble, es sobrenatural. Poder ser yo a tu lado, no tiene precio alguno. Poder ser como soy, sin máscaras, sin miedos y sin temor a que me juzgues, es lo maravilloso de ti; que aun sabiendo lo imperfecta que puedo llegar a ser... me amas tal y como soy.

Puedo acudir a ti confiada con mis problemas y situaciones, sabiendo que serás comprensivo y que sobre todo estarás siempre presto para escucharme, ayudarme y entenderme.

Escuchar tu voz cada mañana a través de tu Palabra, estremece mi cuerpo, estremece mi vida, da vigor a mis huesos y fortalece mi fe.

El tiempo a solas contigo pasa tan rápido, lo disfruto al máximo, lo deseo tanto. Que el saber que te tengo que dejar para proseguir con los afanes de la vida, causa en mí un dolor muy grande, porque es muy asombrosa mi comunión e intimidad contigo Dios.

Sé que estás conmigo, que durante el día me acompañas y al finalizarlo me das el descanso que necesito, pero son mis momentos en las mañanas a solas contigo, *mi tiempo preferido, mi tiempo favorito cada día. Estar a solas contigo, disfrutar de tu compañía, experimentar tu presencia cada día es lo que solo deseo hacer.*

—*Waleska*

## *dos*

# ¿TE FALTA EL AIRE?, ¿NECESITAS RESPIRAR?

HACE UN TIEMPO atrás, me encontraba concluyendo la Convención de Damas del Sureste de las Asambleas de Dios, en Fort Myers, Florida, cuando una señora muy delgada, casi rayana en la fragilidad, de mediana estatura, se me acercó y comenzó a contarme su historia.

Nacida en Miami de padres puertorriqueños me contó que, en su adolescencia, su hermana viajó a Puerto Rico y, estando allá, se quitó la vida. Así que tuvo que viajar a Puerto Rico a encargarse de todo el proceso fúnebre, pero cuando regresó a Miami, para su sorpresa y horror, se encontró con la realidad de que su madre había vendido la casa y se había desaparecido. ¡Qué tragedia! Se había quedado sin casa, además de enfrentar el proceso de la pérdida de su hermana.

Historias como estas te desgarran el corazón, porque no son ciencia ficción, ni un cuento; son realidades que muchas personas están viviendo o han vivido y no logramos darnos cuenta de que están sucediendo.

Desde Venezuela me escribió una joven diciéndome: "Estoy deprimida porque hace días cometí el pecado de abortar a mi bebé. Tengo un cargo de conciencia muy grande y, aunque todo físicamente salió bien, me siento triste porque mi exesposo no lo quería. ¿Y cómo no, si no era de él? Tal vez no me entiendas pero, ¿qué puedo hacer si ya le pedí perdón a Dios?"

Es lamentable. Por tanto, dime ¿cómo olvidar la oración? ¿Cómo dejarla a un lado? Si en el mundo hay tantos hombres y mujeres con necesidad. ¿Cómo no compadecerte del dolor de esas dos mujeres?

Vuelvo a repetir, quizás yo no tenga los recursos o el dinero para llegar hasta donde ellas están, pero mi oración sí. Mi oración puede mover la mano de Dios y provocar un milagro en sus vidas.

Como decía el autor y pastor estadounidense, Edward Bounds: "La causa de Dios y el éxito de su obra en este mundo están encomendados a la oración. La oración le pone alas al evangelio y ruedas a su Palabra para que lleguen a todo el mundo".

Si analizas bien, verás que los grandes movimientos de Dios siempre han comenzado y han sido influenciados por la oración de gente como tú y como yo. Oraciones que tratan directamente con Dios y que parten de la premisa de que tenemos como base lo que dice el apóstol Juan (14:6): "Yo soy el camino, la verdad y la vida —le contestó Jesús—. Nadie llega al Padre sino por mí". Por eso no le oramos a nadie más que no sea al Dios Padre, en el nombre de Jesús.

Son oraciones que nacen de un corazón contrito y humillado y que se dirigen al Dios todopoderoso.

¿Sabías que Dios se agrada al actuar basado en las oraciones llenas de fe que tú y yo hacemos?

Estoy hablando a través de estas palabras escritas; sin embargo, afirmo —con seguridad— que estamos viviendo un mover acelerado de la oración en nuestras vidas como creyentes. Y estoy segura de que tú y yo lograremos alcanzar, con mayor rapidez y en menor tiempo, lo que a nuestros hermanos en el pasado les requirió más.

Estamos viviendo un mover que es para hombres y mujeres de Dios. No importa su nivel económico, su estatus social, es más, ni su condición legal, ya que son personas que le han dicho a Dios: "Heme aquí Señor, envíame a mí, si tú no me usas… ¡me muero!".

Estoy hablando de un mover de creyentes que no se avergüenzan de este evangelio, y que no estarán dispuestos a vender ni a negociar los valores y principios establecidos en la Palabra de Dios. Creyentes revestidos del poder de Dios y llenos de su autoridad; que cuando lleguen a un lugar, todos se tengan que detener a ver qué es lo que tienen, qué diferencia hay en él o en ella, y no precisamente por el traje que lleven o dejen de llevar, sino por la unción que les revista.

Por ello necesitamos más hombres y mujeres apasionados por la oración y no solo eso, sino que sepan transmitir esa pasión a quienes sirven, a los que tienen a su alrededor. No podemos permitir que la oración muera en nuestras vidas o pase a ser olvidada y abandonada en nuestras reuniones o iglesias. Tenemos que rescatar y, si es necesario, volver a aprender el valor de la oración y el papel indispensable que juega en nuestras vidas como creyentes. Así que hagámoslo.

Los cristianos ungidos siempre actúan y toman decisiones que ponen a Dios primero en todo. Dios es la prioridad del creyente.

¿Queremos ser bendecidos? ¿Deseamos tener éxito en la vida y alcanzar las metas que nos hemos propuesto? Aprendamos a poner a Dios primero en nuestras vidas. ¿Queremos impactar nuestro medio y afectar positivamente la vida de otros? Aprendamos a comenzar todos nuestros días de rodillas, cultivemos una vida devocional con Dios. Tenemos que sacar tiempo para estar a solas con nuestro Salvador.

Creo firmemente en el poder de la oración y en que el Señor nos ha levantado en este tiempo para presentarla tal cual es: poderosa y sin límites. Tenemos que dejar a un lado los prejuicios o errores acerca del concepto de la oración.

La oración no es una imposición, no es una actividad aburrida ni solo para ancianos; mucho menos se acerca a lo que es una repetición vana o a un palabrerío sinsentido que pronunciamos antes de comer o de dormir.

Si entendiésemos cuán poderosa es la oración y cuán lejos hemos estado de practicarla como es debido, definitivamente nuestras vidas serían diferentes, la iglesia sería otra, nuestros cultos de oración estarían llenos totalmente, nuestras familias dejarían de desintegrarse, nuestra sociedad sería impactada y el concepto tan terrible que se tiene de los que supuestamente tenemos una respuesta o alternativa ideal cambiaría por completo. En definitiva, hablaríamos menos, juzgaríamos menos y pelearíamos mucho menos porque la usaríamos más.

A través de la oración puedes alcanzar la calma, ya que aprendes a descansar en Dios y a la vez adquieres sabiduría. La amargura y la dureza del rostro desaparecen y ya no es válida la excusa de que como nací con un carácter fuerte, así he de morir. ¡No! A través de la oración tu carácter es moldeado, se ennoblece y definitivamente terminas aprendiendo a depender del Señor.

Por ejemplo, en la Biblia encontramos la historia de la viuda y el aceite. Un relato no apto para cardiacos que me fascina y me cautiva puesto que parte del punto de que nunca se supo el nombre de esa mujer. Una viuda sin nombre, una mujer que nadie conocía y que, por lo visto, a nadie le interesaba. Tanto que ni siquiera se pregunta cómo se llamaba, pero pasó a la historia siendo reconocida por el milagro que Dios hizo con ella.

A esa mujer no solo se le había muerto su marido, no solo estaba pasando por un proceso de pérdida; sino que además el difunto la había dejado con una gran deuda y sin dinero, en la bancarrota absoluta. Ahora los acreedores la estaban amenazando con quitarle lo más preciado, lo único que le quedaba: sus hijos.

Sin embargo, esa mujer sin nombre, conocía a Dios y estaba familiarizada con su poder. Ella sabía cómo obraba Dios. Dice la Biblia, en 2 Reyes 4:1, que era una de las mujeres de los hijos de los profetas. Es por eso que cuando llegó la crisis a su vida, no se quedó en su casa llorando, no se echó en cama a deprimirse ni a lamentarse porque le querían llevar ahora lo único que le quedaba, a sus hijos.

Lo triste es que era algo común que cuando alguien no podía pagar una deuda, le vendieran a sus hijos en el mercado. Así que la mujer salió a buscar ayuda dado que había sido testigo del poder de Dios no solo en su vida sino en la de otras personas, por tanto, no había tiempo para dudar. ¡Era tiempo de actuar!

Pero, ¿por qué será que cuando la crisis, los problemas o los tiempos difíciles llegan, lo primero que hacemos es salir despavoridos, a cualquier lado, menos a buscar de Él? ¿Por qué cuando llegan los problemas a nuestras vidas lo primero que hacemos es aislarnos, dejar de asistir a las reuniones y a la iglesia? Y hay quienes hasta se van a sus casas y se quitan el gozo de sus rostros. Cuando se supone que hagamos lo que dice la Biblia, que el gozo del Señor sea nuestra fortaleza.

No obstante van y se encierran en sus casas, y lo primero que hacen es meterse bajo la ducha de la incredulidad. Comienzan a poner en duda cada una de las promesas de Dios para sus vidas; empiezan a lavarse la fe y se secan la confianza y la esperanza en su Señor.

Sin embargo, esta viuda se arma de valor y le presenta sus quejas a Eliseo, que como profeta y hombre de Dios, la ayuda a procesar su crisis, preguntándole algo que cualquiera pensaría era muy trivial: "¿Qué tienes en casa?". Aunque el primer impulso de la mujer fue decirle que nada, que no le quedaba nada en su despensa, de pronto se acuerda que sí, que le quedaba algo y era un poquito de aceite en una vasija que tenía.

Y aunque nuestra primera reacción pueda ser similar a la de la viuda con el aceite y digamos que nuestro problema es tan grande que no tiene solución, si Dios descubre en ti aunque sea una gota de aceite de fe y confianza, la va a multiplicar y va a trabajar con ella.

Hace un tiempo recibí un e-mail de una dama de Paraguay en el que me contaba que había estado viviendo muchos años en un matrimonio caracterizado por el maltrato físico. Su marido le pegaba y la maltrataba constantemente, sin embargo, en ese esquema de violencia nacieron unas mellizas, las cuales vinieron a traerle un poco de alegría dentro de la situación precaria que estaba viviendo.

Pasado el tiempo, se enteró de que su marido la estaba engañando con otra mujer. Así que, con enojo y frustración, decidió hacerle lo mismo. Fíjate qué interesante que le molestó la infidelidad de su esposo, pero no su maltrato. Y cito:

"Penosamente he actuado de igual manera ante la infidelidad, he denigrado mi vida, no hay nada tan vergonzoso para una mujer que esa actitud, que ese paso tan malo, yo me he sentido muy culpable, muy triste porque he pecado contra mi Dios y también he arrebatado de mi vida la integridad, un don que Dios nos regala.

"Desde que acepté mi pecado no he hecho otra cosa que no sea arrepentirme, he llorado a mares, sin embargo nada cambiará con eso. Pero Aquel que escudriña nuestro corazón sabe lo arrepentida que estoy. Cada vez que puedo conversar con alguna mujer, le digo que la infidelidad es lo peor que puede hacer, que no lo haga, porque el mal es para una y no tanto quizás a quien es objeto de nuestra infidelidad.

"Por eso te suplico, por favor, que incluyas a toda mi familia en esa cadena de oración para obtener sanidad. Ya no puedo cambiar los hechos, ya hice lo malo, pero ruego al Dios altísimo que me ayude a sobrevivir".

Solo basta una gota de fe, y verás cómo ocurren milagros en tu vida, porque Él es el mismo ayer, hoy y siempre y si multiplicó el poquito de aceite de aquella viuda, lo puede hacer contigo también. Dios también multiplicará lo tuyo. Cuando nos acercamos a Dios en oración, humillados y arrepentidos, Él extiende su brazo amoroso para ayudarnos, para proveernos y levantarnos. Gloria a Dios por sus misericordias.

Este es un ejemplo real y actual de que con lo poquito que tengas, Dios es capaz de hacer mucho más abundantemente en tu vida que nadie más. Además, verás el final feliz que tanto deseas.

Continuemos con el relato de la viuda. Eliseo siguió dándole las instrucciones a la mujer y le dijo: "Ahora, ve a la casa de tus vecinos y pídeles prestadas todas las vasijas que tengan vacías, y que no sean pocas (aquí vemos el esfuerzo de la mujer y su fe puesta en obra).

Pero, ¿por qué pedirlas vacías?, bien pudo haberle dicho que pidiera las vasijas prestadas y aprovechara para pedirles que le echasen un dinerito. Es decir, que hiciera una recolecta. Ah, no, es que Dios quería dejar plasmado en esa historia de fe, que tu milagro no lo va a determinar tu vecino, TU MILAGRO lo concretas tú y lo puntualizo yo. Nosotros con nuestra fe y Dios con su inmenso poder.

Si te fijas bien, esa mujer no volvió a mencionar más al difunto, porque uno no puede seguir cargando con los muertos del pasado. Los muertos se pudren, traen enfermedades... los muertos hay que enterrarlos, dejarlos ir.

No podemos seguir viviendo con rencores, atados a recuerdos y palabras dolorosas. Deja la obsesión con el muerto que te dijo que no quiere saber más de ti. Entrégaselo a Dios, porque no hacerlo provocará en ti una frustración tan grande que no te permitirá desarrollar una fe más fuerte que la desilusión y la traición que sientes.

Tienes que perdonar. El sabio afirma en Proverbios 20:22: "No digas: Yo me vengaré; espera a Jehová, y él te salvará". Por tanto, deja la venganza a un lado y toma en tus manos el PERDÓN, porque este te trae honra y liberación. A través del perdón dejamos ir el pasado, a través del perdón obtenemos una visión de un nuevo mañana.

Recuerda que no hay dolor tan grande como para que Dios no lo pueda sanar. ¡Hay esperanza para el herido! Quienes han sido heridos y luego sanados, obtienen el don de ayudar a sanar a otros. Son sanados para sanar.

Cuando todo falla... espera en Dios. Cuando se hace todo lo humanamente posible, cuando la ciencia lo intenta todo y nada se logra, repite lo que dice Lamentaciones 3:24: "Mi porción es Jehová, dijo mi alma; por tanto en él esperaré".

No dejes que nadie te quite lo que Dios te pueda dar. El Señor te dio la capacidad suficiente —como se la dio a la viuda del aceite—, para salir victorioso de una situación tan difícil como la que estás viviendo y lo harás en el nombre de Jesús.

Eliseo le dijo: "Ahora métete con tus hijos en tu casa y cierra la puerta y comienza a llenar las vasijas vacías con tu aceite". La viuda no se puso a cuestionar al profeta, ¡no! Ella fue y obedeció todo lo que él le ordenó al pie de la letra. Nosotros tenemos que imitar a esa mujer, debemos dejar esa mala costumbre de querer racionalizarlo todo, ¿quién te dijo que tu razón es para analizar a Dios? ¿Cómo pretendes con tu limitada naturaleza cuestionar a un Dios soberano, omnipotente, presente y omnisciente? Aprendamos a confiar plenamente en su Palabra y en sus promesas, eso es tener FE.

Cuando la duda llegue de visita a tu corazón, no le des la bienvenida ni le sirvas café. Recuerda que todo guerrero de fe, necesita un Goliat para llegar al trono. No les tengas miedo a los gigantes.

Dios desea ver nuestra confianza y nuestra fe, así como tus rodillas dobladas, y que la oración que se presente sea la tuya. Esa es la oración que estremece los cielos.

Cuando tienes una vida devocional y mantienes una vida de oración, eso se ve, se nota. Se observa en tu forma de hablar, en tu manera de vestir, en tu trato con los demás. Y, sobre todo, ocurre un fenómeno muy interesante y es que comienzas a ver a tu prójimo como lo ve Dios, con misericordia, con amor, con respeto. Esas son las consecuencias de una relación.

Tu compromiso con tu hermano crece y se fortalece. Comienzas a interesarte en los problemas del que tienes a tu lado, ya no piensas tanto en lo que quieres. Si tu hermano, amigo o familiar está pasando por una necesidad, por un problema personal o una enfermedad, conmuévete, apiádate de su dolor. Y, en vez de usar tu boca para murmurar, en mejor castellano, para chismear, utilízala para orar.

Decídete a dejar la murmuración a un lado y comienza a construir, a sembrar. Verás cómo cambian las cosas en tu vida. Porque cuando se lleva una vida de intimidad con Dios, se aprende a descansar en Él, entendiendo que Él tiene cuidado de ti, mientras tú te ocupas de sus negocios.

Dios anda buscando gente sencilla, como tú y como yo que solo se interesen en las mismas cosas que le interesan a Él, hombres y mujeres que se apasionen por las mismas cosas que Él.

## LA ORACIÓN CAMBIA TODAS LAS COSAS

Qué fácil es, sin embargo, perder la fe y olvidar las promesas de Dios en los momentos difíciles. Se supone que nuestro objetivo es mantenernos enfocados en las promesas de Dios para nuestras vidas. Pero recuerda que Satanás, nuestro enemigo, va a tratar de desviarnos de ese objetivo.

Cada mañana puedes decidir si vas a enfrentar tu día con ansiedad o con fe. "Estad quietos y conoced que yo soy Dios", dice el Señor. Te recomiendo que leas el Salmo 46 (NVI) hoy:

*Dios es nuestro amparo y nuestra fortaleza, nuestra ayuda segura en momentos de angustia. Por eso, no temeremos aunque se desmorone la tierra y las montañas se hundan en el fondo del mar; aunque rujan y se encrespen sus aguas, y ante su furia retiemblen los montes. Hay un río cuyas corrientes alegran la ciudad de Dios, la santa habitación del Altísimo. Dios está en ella, la ciudad no caerá; al rayar el alba Dios le brindará su ayuda. Se agitan las naciones, se tambalean los reinos; Dios deja oír su voz, y la tierra se derrumba. El SEÑOR Todopoderoso está con nosotros; nuestro refugio es el Dios de Jacob. Vengan y vean los portentos del SEÑOR; él ha traído desolación sobre la tierra. Ha puesto fin a las guerras en todos los confines de la tierra; ha quebrado los arcos, ha destrozado las lanzas, ha arrojado los carros al fuego. "Quédense quietos, reconozcan que yo soy Dios. ¡Yo seré exaltado entre las naciones! ¡Yo seré enaltecido en la tierra!" El Señor Todopoderoso está con nosotros; nuestro refugio es el Dios de Jacob.*

No permitas que el temor continúe robando tu paz y repite las palabras de este poderoso salmo.

Si buscásemos en el diccionario el concepto de la palabra "promesa", hallaríamos definiciones tan interesantes y profundas como la siguiente: un contrato por el cual una de las partes, en este caso Dios, contrae un compromiso u obligación voluntariamente en un periodo de tiempo para cumplir con lo acordado.

Por tanto, "todas las promesas que ha hecho Dios son 'sí' en Cristo. Así que por medio de Cristo respondemos 'amén' para la gloria de Dios". Eso lo afirma el apóstol Pablo en 2 Corintios 1:20–22 (NVI):

*Todas las promesas que ha hecho Dios son "sí" en Cristo. Así que por medio de Cristo respondemos "amén" para la gloria de Dios. Dios es el que nos mantiene firmes en Cristo, tanto a nosotros como a ustedes. Él nos ungió, nos selló como propiedad suya y puso su Espíritu en nuestro corazón, como garantía de sus promesas.*

El vocablo promesa en griego es *epaggelia*, y significa: anuncio que sale, comprometerse a hacer algo libre y voluntariamente, no por la fuerza; es aseverar, afirmar, dar por seguro, una garantía. Una de las más hermosas promesas del Señor la encontramos en Mateo 7:7 (NVI), que dice: "Pidan, y se les dará; busquen, y encontrarán; llamen, y se les abrirá. Porque todo el que pide, recibe; el que busca, encuentra; y al que llama, se le abre". Otra que me encanta es: "En mi angustia invoqué al Señor, y él me respondió" (Salmo 120:1, NVI). Esta promesa nos ayuda a vencer el temor, la angustia, el terror.

Por tanto, cuando le abrimos las puertas al miedo, comenzamos a movernos por impulsos, entra la ansiedad, la depresión, la frustración, la impotencia de no poder solucionar los problemas y con ello llega el caos, la desazón, la crisis. Es por ello que debes poner tu esperanza en el Señor. Así que ten valor, no permitas que el miedo te controle, cobra ánimo; ¡pon tu confianza en el Señor!

Cuando todo falla... ¡espera en Dios! Siempre he creído que aguantar y perseverar es para atrevidos y valientes. Recuerda que "esperar" no es señal de debilidad, sino una posición de fuerza. Son decisiones de fe las que le llevan la contraria a todo lo que pueda decir este mundo. No nos rendiremos, ni renunciaremos. Ánimo, que se puede.

Mejora la imagen que tienes de ti mismo, ¡valorízate! Confronta tu problema, investiga de dónde proviene, qué lo originó, analiza si tú mismo le diste oportunidad para que apareciera. Acepta tu responsabilidad en el asunto si deseas triunfar sobre tus conflictos.

Aprende a perdonarte a ti mismo, tienes que desear ser libre de ese dolor que por tanto tiempo has cargado contigo.

En agosto de 1997, obtuve mi primera certificación en el Centro y Escuela de Consejería "El Sendero de la Cruz, Inc.", en Puerto Rico. Esos cursos intensivos más adelante me ayudarían a sanar y ayudar a sanar a otros. Porque aquellos que alguna vez hemos sido heridos y sanados, obtenemos luego ese don o gratitud para ayudar a otros.

Aprendí que "lo que más te puede dañar no es la experiencia vivida en sí misma, sino lo que interpretaste de esa experiencia o la valorización que has hecho de ese dolor. Te explico mejor, una mujer que ha sido violada piensa que todos los hombres son malos. Si de pequeño te decían bruto o que no servías para nada, pensarás que así es y encontrarás a los demás inteligentes, pero se te hará difícil pensar que tú también lo eres" (pastora puertorriqueña Elizabeth Rosado de Guidini).

Por lo general tenemos una imagen errónea de lo que realmente somos. Pero, ¿qué dice la Biblia sobre nuestra imagen? El primer libro de la Escritura afirma: "Y dijo: Hagamos al ser humano a nuestra imagen y semejanza. Que tenga dominio sobre los peces del mar, y sobre las aves del cielo; sobre los animales domésticos, sobre los animales salvajes, y sobre todos los reptiles que se arrastran por el suelo. Y Dios creó al ser humano a su imagen; lo creó a imagen de Dios. Hombre y mujer los creó" (Génesis 1:26–27, NVI).

El propio Dios declara que fuimos creados ¡a su imagen! ¿Qué más? El salmista inspirado por el Espíritu de Dios declama lo siguiente: "Digo: ¿Qué es el hombre, para que tengas de él memoria, y el hijo del hombre, para que lo visites? Le has hecho poco menor que los ángeles, y lo coronaste de gloria y de honra. Le hiciste señorear sobre las obras de tus manos; todo lo pusiste debajo de sus pies" (Salmos 8:4-6).

De modo que fuimos coronados de gloria y honra, esa es tu imagen original, con la que fuiste creado. ¿Cómo, entonces, podemos mejorar nuestra autoimagen?

Primeramente necesitamos tener un encuentro personal con Jesucristo. Él vino a este mundo a devolvernos el perfil, los rasgos que destruimos. Por tanto, aprende a controlar tus emociones, identifica qué es lo que te hace reír, lo que te hace enojar, lo que te ayuda a calmarte, etc.

El apóstol Pablo, en Gálatas 5:22–23 (NVI) afirma: "En cambio, el fruto del Espíritu es amor, alegría, paz, paciencia, amabilidad, bondad, fidelidad, humildad y dominio propio. No hay ley que condene estas cosas".

Así que aprovecha y acepta el poder del fruto del Espíritu Santo que está en ti y haz lo que dice Filipenses 4:8-9: "Todo lo que es verdadero, todo lo honesto, todo lo justo, todo lo puro, todo lo amable, todo lo que es de buen nombre; si hay virtud alguna, si algo digno de alabanza, en esto pensad. Lo que aprendisteis y recibisteis y oísteis y visteis en mí, esto haced; y el Dios de paz estará con vosotros". Aprende y recibe de otros, busca personas sabias que aporten sabiduría a tu vida y, claro está, saca tiempo para orar.

"Ahora, Dios mío, te ruego que tus ojos se mantengan abiertos, y atentos tus oídos a las oraciones que se eleven en este lugar" (2 Crónicas 6:40, NVI), así fue como concluyó el rey Salomón, sucesor del trono, al morir su padre David. Se postró de rodillas frente a toda la asamblea de Israel y, extendiendo sus manos al cielo, oró a Dios y descendió fuego del cielo, el cual consumió el holocausto y los sacrificios y la gloria del Señor llenó el templo. Tan lleno de su gloria estaba el templo que los sacerdotes no podían entrar en él.

Así mismo ocurre hoy. Tras morir Jesús en la cruz del Calvario, por tus pecados y por los míos, los que le aceptamos como Señor y Salvador de nuestras vidas, dejamos que reine en nuestros corazones; por lo que nuestro cuerpo viene a ser constituido templo del Espíritu Santo. Es entonces cuando a través de la oración podemos igualmente sentir cada día, la misma gloria llenando nuestras vidas.

El salmista lo dijo primero: "Los ojos del Señor están sobre los justos, y sus oídos, atentos a sus oraciones; el rostro del Señor está contra los que hacen el mal, para borrar de la tierra su memoria" (Salmo 34:15–16, NVI). Y el apóstol Pedro lo confirma siglos después con claridad meridiana: "Porque los ojos del Señor están sobre los justos, y sus oídos, atentos a sus oraciones; pero el rostro del Señor está contra los que hacen el mal" (1 Pedro 3:12, NVI).

Recuerda que los ojos del Señor están sobre los justos y sus oídos atentos al clamor de ellos, es decir, a sus oraciones.

¿Y quiénes son esos justos? Justos son todos aquellos que le han entregado su vida a Dios. Son aquellos que se han apartado del mal y que, al hacer el bien, refrenan su boca de hablar engaño y maldad. Son aquellos que han reconocido a Jesús como Hijo de Dios y como único camino para llegar al Padre, aceptándolo como Señor y Salvador de sus vidas. Si no te has decidido a creer en Él, al final del libro encontrarás una oración de fe que te llevará a dar esos primeros pasos en tu andar con Dios.

Si te detienes a pensar por un segundo en lo que habla la Biblia, tanto en el Antiguo como en el Nuevo Testamento, verás que Dios se ha de encargar de que entendamos que su bendición es para los que hacen su voluntad.

Y, cuando se refiere a su bendición, es nada más y nada menos que al hecho de tener sus oídos prestos para escuchar a sus hijos y responderles. Para dicha nuestra, su mirada no duerme.

Qué hermoso es saber y sentir que un Dios tan grande pueda apreciar y tener en gran estima nuestras oraciones. Aunque parezcan que son muy pequeñas, el Creador del universo las está escuchando. Es a ese Dios al que servimos. ¡Aleluya!

Mi esposo Roberto y yo nos conocimos en la isla de Puerto Rico y los primeros diez años de nuestro matrimonio los vivimos allí. En la isla se encuentra toda mi familia y es allí donde tenemos nuestra linda y chiquita casita, en la que comenzamos. Ahora vivimos en Miami, ya que desde ahí a mi esposo se le hace todo más fácil, puesto que viaja semanalmente a nuestros países de centro y sur América. Así que puede ser que en el año viajemos a Puerto Rico dos o tres veces, para cumplir con algunos compromisos y aprovechar para estar con la familia.

Hace un tiempo hicimos un viaje a Puerto Rico y, una mañana, fuimos al hospital a visitar a un tío que estaba enfermo. Cuando estábamos en la recepción del hospital, esperando para tomar el elevador, se me acerca una mujer, por un lado y me pregunta si el que estaba al lado mío era Roberto Orellana. Al contestarle que sí, empezó a contarnos que hacía dos años nos había conocido en Jacksonville, Florida, cuando visitamos su iglesia.

Nos dijo que su papá estaba muriendo de cáncer y que hacía un mes que estaba con él, entrando y saliendo del hospital. Le pedimos el número del cuarto y le dijimos que cuando termináramos de visitar a nuestro tío, pasaríamos a orar por su papá.

Al terminar nuestra visita, bajamos del piso 5 al 3 para orar por el padre de aquella mujer. Cuando íbamos por el pasillo caminando, comenzamos a sentir un olor terrible, muy fuerte. Tan fuerte y terrible que nos provocó náuseas. Lo único que pensé fue: "Ojalá y este terrible olor no venga del cuarto que tenemos que visitar". Pero mientras más nos acercábamos al cuarto, no quedaba duda que de allí salía toda esa pestilencia. Encontramos al anciano postrado en cama, junto a su hija, la cual entraba y salía de la habitación como buscando aire. Permítanme decirle que aquel olor era infernal, apenas pudimos hacer una corta oración, cuando aquella mujer me mira a los ojos y me pide que le presente el plan de salvación a su padre.

Ahí entendimos lo que estaba sucediendo, una vida estaba a punto de ser literalmente arrancada de las garras del infierno. Cuando comencé a hablarle a aquel hombre, presentándole a Jesús como el único camino para ir al cielo, aquel hombre abrió su boca y me dijo: "Dos veces he intentado quitarme la vida, dos veces. Yo quiero a Jesús, lo acepto". Cuando dijo "quiero a Jesús", en ese mismo instante, aquella peste nauseabunda desapareció.

Por eso comencé diciéndote que no creo en casualidades, ni en coincidencias; creo en las citas divinas; porque es que cuando Dios quiere bendecirte, como lo hizo con ese anciano en su lecho de muerte, moviliza a quien sea y de donde sea para alcanzarte.

El discípulo amado, Juan, escribió lo que le fue revelado y nos dice: "Después vino otro ángel con un tazón de oro, y en ese tazón pusieron mucho incienso, para que lo ofreciera ante el altar junto con las oraciones del pueblo de Dios. El humo del incienso subió de la mano del ángel, junto con las oraciones, hasta donde estaba Dios" (Apocalipsis 8:3–4, TLA). De modo que nuestras oraciones nunca son olvidadas, por lo menos no por Dios.

Tus oraciones aun pueden llegar a sobrepasar tus días de vida y seguir vigentes para alcanzar a tus futuras generaciones. Por ejemplo, hemos sabido de personas que llegaron a los pies del Señor debido a las oraciones hechas por sus abuelos antes de que estos partieran con el Señor. Ese es un ejemplo de que nuestras oraciones quedan depositadas en la presencia del Señor, que no duerme y siempre tiene sus oídos atentos a nuestro clamor.

## La oración es lo que libera el gran poder de la fe

El propio discípulo amado en su Primera Carta afirma: "Y si sabemos que Dios oye todas nuestras oraciones, podemos estar seguros de que ya tenemos lo que le hemos pedido" (1 Juan 5:15, NVI). ¿Lo sabes acaso? ¿Lo entiendes? ¿Podrías decir con seguridad que obtendrás lo que has pedido? Mi querido amigo, esa seguridad se obtiene a través de la fe.

Recuerda que este no es momento para razonar, al contrario, es momento para activar la fe. Y ¿qué es fe? Fe es ver y llamar a las cosas que no son y que no están, como si fuesen y estuviesen. Es ver resuelto tu problema, aunque en tu presente no lo esté. Es verte sano a pesar del diagnóstico que tienes en la mano. Es darle la gloria a Dios, plenamente convencido de que es poderoso para hacer todo lo que promete.

¿Quieres que Dios te use con gran poder para que seas diferente al cristiano promedio? TIENES QUE SACAR TIEMPO PARA BUSCAR SU PRESENCIA. Tienes que sacar tiempo para tener intimidad con Él, para conocer a tu Dios. Recuerda que la oración es como el oxígeno que tú y yo necesitamos, apasiónate por la oración… ¡No dejes de respirar!

## REFLEXIÓN

### Lo que escasea… por lo general, adquiere valor

*Cuando en el camino (por una misericordia divina, luego de tanto caminar, de tanto llorar, de tanto pedir) te sorprenda ver a lo lejos en una esquina del mismo, una pequeña semilla, que es casi tan diminuta como una de mostaza; y te inclines débilmente a tomarla, la examines y te des cuenta de que realmente es una semilla de mostaza, es probable que comiences a preguntarte: "¿Podrá ser cierto? ¿Acaso no es esta la semilla con la* cual comparaban a la fe? ¿Será posible que por fin haya encontrado mi semilla?"

En ese momento se detiene el tiempo. Ese minuto queda registrado no tan solo en tu reloj físico sino en tu reloj del alma. Porque cuando algo así sucede, todo se detiene, deseas gritar, reír, saltar, llorar, compartir tu hallazgo, pero es solo tu mente la que comienza activarse, todo lo demás queda detenido, y vuelves a preguntarte: "¿A quién se le habrá caído esta semilla? ¿Será mía realmente? ¿Vendrán a quitármela? ¿Debo compartir lo que encontré?"

¡Claro que vendrán a quitártela! Sí escasean en esta época las semillas de fe, es más, NO es su temporada. Así que todo lo que escasea adquiere valor. Ten cuidado…

Cuando logres encontrar eso que da motor a tu intelecto y activa las ganas de ejercitar tu mente, que aumenta el valor a tu vida… aguántalo, no lo dejes ir. Si tienes que tomar medidas extremas, ¡hazlo! Porque perderlo es morir, es secarse en vida. Perderlo es borrar literalmente tu sonrisa del rostro, es vivir respirando amargura sulfúrica que no te liquida de cantazo, sino que alarga tu agonía existencial a una perpetua condena.

"Entonces, ¿qué debo hacer?"

Disfruta tu milagro, escoge bien con quién vas a compartir tu alegría, y cuidado que no actives en otros ese veneno mortífero llamado envidia; cuídate y cuida tu milagro. Y espera. No vayas a cometer el "error común". El error por el cual otros han perdido en algún momento su semilla. Error que comienza a cegar tu mente y tu alma solo a minutos de haberla encontrado.

El "error común" está compuesto de líquidos de orgullo que se mezclan con elementos de soberbia, logrando así una condición mental ególatra —podríamos decir, "de autoyo"—, el cual es casi imposible de combatir. Comienzas a felicitarte por tu hallazgo, empiezas a dar un recorrido mental en el cual destacas tu persona en todo momento, dejando a un lado cualquier posibilidad de haber sido ayudado por alguna intervención divina. El "error común" es un ácido destinado a disolver cualquier pensamiento dedicado a Dios, su función es exterminar cualquier lazo o vínculo entre el hombre y su Creador.

Una vez identificadas esas precauciones, ¡adelante!, continúa tu camino con confianza, fortalecido porque la fe es la garantía de lo que se espera, la certeza de lo que no se ve. La convicción de que si hay alguien que puede ayudarte en medio de las situaciones adversas, ese es el Creador del universo, el Dios de tu semilla, el Dios de tu milagro… ¡solo ten fe!

# tres

# PONTE LA MÁSCARA DE OXÍGENO

En cierta ocasión participé en un congreso en Arizona, en el cual me pidieron que llevase un tema basado en la oración. No saben cuánto regocijo trajo eso a mi vida, primero porque creo firmemente en que el tema de la oración debe ser más hablado y enseñado en nuestras iglesias y reuniones, ya que nuestra vida como creyentes se basa totalmente en ella; y, segundo, porque es un tema en el cual Dios me ha estado puliendo todo este tiempo en mi vida personal.

¿Por qué digo puliendo? Porque en mí, como creyente, siempre hubo la necesidad de intimar cada vez más con Dios y de buscar su rostro de madrugada. En los primeros pasos de mi intimidad con Dios, esa inquietud surgió como un deseo, un anhelo. Primero, por invitación del Espíritu Santo y luego a través de los años, por la congruencia y el compromiso de la decisión que tomé de levantarme todos los días a orar, aunque mi cuerpo estuviese cansado.

En una ocasión, mi cuñada Débora, desde el sur del mundo donde reside, en Chile, me envió un correo electrónico en el que me expresaba su inquietud y deseo de aprender cómo intimar más con Dios y de su anhelo por descubrir su plan para ella. Eso me llevó a pensar que no solo en Arizona o en Puerto Rico o en lo más remoto del mundo, como Chile, siempre ha existido en el hombre y la mujer la misma necesidad de conocer y acercarse más a su Creador. Tres puntos tan distantes como el norte, el centro y el sur del mundo con el común denominador de necesitar encontrar o de ver realizado el propósito de Dios en sus vidas.

Con su propio ejemplo, nuestro Señor Jesucristo nos enseñó la esencia y necesidad de la oración. Si Él tuvo la necesidad de orar mientras estuvo aquí en la tierra, cuánto más nosotros. Hubo algo acerca de la oración de Jesús que hizo que sus discípulos se dieran cuenta de su incapacidad al respecto. Por eso le dijeron: "Señor, enséñanos a orar" ya que no eran oraciones vanas y repetitivas, eran el reflejo de la intimidad de una relación entre un hijo con su padre.

En el libro de Juan, capítulo 11, nos encontramos con Lázaro, un amigo al cual Jesús amaba. Y cuenta la historia que sus hermanas, Marta y María, le mandaron a llamar porque su hermano había enfermado. Cuando Jesús llegó a Betania, donde vivía esa familia, Lázaro llevaba ya cuatros días muerto. Las hermanas del occiso, al verlo llegar rápidamente le informaron que si hubiese llegado antes, quizás su hermano no habría muerto. Y los versículos 38 al 44 continúan diciendo:

*Jesús, profundamente conmovido otra vez, vino al sepulcro. Era una cueva, y tenía una piedra puesta encima. Dijo Jesús: Quitad la piedra. Marta, la hermana del que había muerto, le dijo: Señor, hiede ya, porque es de cuatro días. Jesús le dijo: ¿No te he dicho que si crees, verás la gloria de Dios? Entonces quitaron la piedra de donde había sido puesto el muerto. Y Jesús, alzando los ojos a lo alto, dijo: Padre, gracias te doy por haberme oído. Yo sabía que siempre me oyes; pero lo dije por causa de la multitud que está alrededor, para que crean que tú me has enviado. Y habiendo dicho esto, clamó a gran voz: ¡Lázaro, ven fuera! Y el que había muerto salió, atadas las manos y los pies con vendas, y el rostro envuelto en un sudario. Jesús les dijo: Desatadle, y dejadle ir.*

Jesús se encargó, frente a la tumba de Lázaro, de darnos unas pinceladas de lo que realmente era la oración. Sus palabras tenían sentido. No oró en el nombre del Dios de Abraham, Isaac y Jacob, ¡no! Al contrario, desconcertó a todos los que allí estaban diciendo: "Padre", dejando establecida la relación que había entre ellos dos. Mateo 7:11 (NVI) dice: "Pues si ustedes, aun siendo malos, saben dar cosas buenas a sus hijos, ¡cuánto más su Padre que está en el cielo dará cosas buenas a los que le pidan!".

Dios desea que nos acerquemos a Él de esa misma forma, como un Padre. Él no quiere que lo veamos como un Dios lejano y ajeno, sino como un amigo de confianza. Porque no hay un lugar más seguro para un hijo que los brazos de su Padre. Te invito a que sigamos pues las pisadas de Jesús en este día.

Debo decirte que en mí había una gran inquietud, quizás muy similar a la que estás sintiendo. Al principio me frustraba porque no sabía lo que Dios deseaba hacer con mi vida, no sabía cuál era su propósito ni cómo verlo realizado en mí, pero te voy a revelar los pasos que me llevaron a descifrar y aclarar todos esos puntos en mi vivir. Sé que te ayudarán en estos momentos tan confusos por los cuales estás atravesando.

## A. Desarrolla tu vida devocional… comienza con oración

Como ya te he dicho, creo firmemente en el poder de la oración. ¡Con ella no existen límites! Es mi deseo, y uno de los propósitos de este libro, lograr que puedas apasionarte por la oración. Cambiar el concepto erróneo y aburrido que puedas tener sobre ella y presentarla a tu vida tal y cual es.

La oración es para el creyente como el oxígeno para nuestro sistema, muy esencial y necesario para mantenernos con vida, por eso… no dejes de respirar, no dejes de orar. La oración es la fuente de toda renovación, es amistad con Dios. ¿Deseas anticipar la victoria en cada una de tus decisiones? Ora. Como afirmó el clérigo inglés Philip Henry: "Permite que la oración sea la llave que abra tu día por la mañana y el cerrojo que cierre tu noche".

Nosotros, como hijos de Dios, tenemos la facultad, el derecho y la oportunidad de desarrollar una relación íntima con nuestro

Señor y Salvador a través de la oración. Podemos hablar, expresarnos y sincerarnos con Él; en la medida que saquemos tiempo para conocerle a través de su Palabra. Créanme que todo será diferente.

Como hombres y mujeres que somos de Dios, como hijos suyos que somos, tenemos que comenzar a hacer las cosas correctas, las cuales nos llevan como consecuencia a la obediencia a Dios.

Así que comencé a levantarme a las 5:30 de la mañana e iba a la sala de mi casa a orar y leer la Biblia. Al principio fue muy difícil, me levantaba con mucho sueño y mi cuerpo no deseaba orar, solo me pedía dormir. Pero la insistencia de mi espíritu y el anhelo de buscarle, pudieron más que lo que sentía al despertar cada mañana.

Como cristianos y personas que crecemos y cambiamos, así mismo debemos ir desarrollándonos en cuanto a las decisiones que cada día tomamos. Ya no podemos seguir siendo movidos por nuestros sentimientos, sino que debemos movernos por la convicción que haya en nuestro ser, con la dirección del Espíritu Santo de Dios; tenemos que comenzar a hacer las cosas que son correctas, aunque no lo sintamos.

Recuerda que tú y yo no vivimos por lo que vemos, vivimos por lo que CREEMOS. Apasiónate por Cristo, adopta posturas claras y comprométete a servir. Es una lección de vida que quiero decirte: No podemos hacer las cosas cuando lo sintamos, debemos hacerlas aunque no lo deseemos.

Particularmente, tuve mucho tiempo esperando sentir algo sobrenatural para comenzar a escribir este libro. No sé, tenía un concepto equivocado de lo que era ser inspirado y guiado por el Espíritu de Dios para escribir las cosas correctas. Por eso esperaba ese "momento divino" que me llegara en una sola sentada, de modo que escribiera todo el libro hasta terminarlo.

Cosas tan increíbles como esas todavía dominan los pensamientos de muchos cristianos que aún no logran encontrar su propósito y llamado en el Señor.

Debemos tener claro el papel tan importante del sacrificio

en la cruz y en nuestras vidas como creyentes. Como cristianos podemos estar en el lugar correcto, como la iglesia; congregarnos, tener un buen programa o estructura, pero si lo principal se pierde, por más esfuerzos que hagamos, todo deja de tener sentido.

En Gálatas 6:11, el apóstol afirma: "Mirad con cuán grandes letras os escribo de mi propia mano". Pablo se encarga de corregir a los gálatas, que habían estado añadiendo falsas enseñanzas y requerimientos al sencillo mensaje de salvación. En letras grandes, les exhorta a que no pasen por alto lo que él les quería decir. Estaba destacando, subrayando y resumiendo lo que en los capítulos anteriores les había dicho.

Vemos en esa situación que la religión había comenzado a interponerse en la vida de los gálatas como creyentes, no permitiéndoles llevar una vida plena en Cristo e interponiéndose en el camino de la cruz. La circuncisión era el símbolo externo de compromiso de los religiosos en el Antiguo Testamento. Y había personas dentro de la Iglesia de Galacia que todavía estaban muy arraigadas a esa tradición judaica y querían que los nuevos conversos cumplieran u observaran las tradiciones antiguas en las cuales ellos creían. Lo que ocurre hoy día dentro de muchas de nuestras iglesias hispanas.

El problema de los ritos o la religión es que no cultivan la relación, todo es por observación y cumplimiento de leyes. De modo que podemos concluir que así como en la Iglesia de Galacia, la religión reemplaza la intimidad y la relación del creyente con su Salvador y la troncha, eso mismo es lo que ocurre hoy dentro de muchas de nuestras congregaciones. Han dejado que el legalismo invalide lo que por gracia nos pertenece.

Si asistes a la iglesia los domingos porque es lo que religiosamente se hace y practicas ciertos tipos de ejercicios religiosos, eres como esos que practicaban el judaísmo en Galacia, que no tienen una relación o intimidad verdadera con su Señor y alejan a otros creyentes de la verdadera comunión con Dios; por lo cual Pablo nos lleva nuevamente a la cruz.

En los versículos 12 y 13 de Gálatas, Pablo continúa mencionando todos esos ritos externos y religiosos que entorpecían la relación de los creyentes y los procesos externos le llamamos legalismo. El legalismo mide tu espiritualidad por tus actividades, por lo que haces o dejas de hacer. Con el legalismo siempre se va a tener que hacer más, quién lee más la Biblia, quién ora por más tiempo de rodilla en el altar —donde todo el mundo lo vea—, quién usa la falda más larga o la corbata más ridícula, quién tiene la Biblia más grande o quién asiste a todos los cultos, etc.

Hasta llegar al punto de que te cansas de ser cristiano, porque las exigencias no acaban y se actúa por temor. Temor a que si no cumplo con lo que me dicen, me iré al infierno o me sacan de la posición que ocupo en la iglesia. Y esas listas de exigencias terminan controlando tu vida, por lo que comienzas a ser esclavo de algo que se supone que fue traído para darte libertad y para ser hecho por amor.

Es por esto que el mensaje a los Gálatas es la libertad en Cristo. Estad firmes en la libertad, no en la esclavitud.

Pablo les estaba diciendo a esos nuevos creyentes que si seguían el judaísmo y el legalismo, perderían a Cristo. Si lees el capítulo 5, versículos 2 y 4 del mismo libro de Gálatas podrás observar una aseveración de lo que acabo de explicar: "He aquí, yo Pablo os digo que si os circuncidáis, de nada os aprovechará Cristo. Y otra vez testifico a todo hombre que se circuncida, que está obligado a guardar toda la ley. De Cristo os desligasteis, los que por la ley os justificáis; de la gracia habéis caído".

El apóstol usa la frase "de Cristo os desligasteis", "de la gracia habéis caído" y "de nada os aprovechará Cristo". En otras palabras, si estás buscando hacer tu vida aceptable a Dios a través de una lista de exigencias y demandas legalistas, estás desconectando tu vida de Cristo. Estamos hablando que la religiosidad te aleja de Dios.

No podemos cerrar las puertas de la fe, mi hermano, la realidad es que Dios se mueve a través de las decisiones que tomamos. Decídete a aceptarlo como Rey y Señor de tu vida y actuará al respecto. Decídete a buscarle en espíritu y verdad y su fidelidad te alcanzará.

Somos llamados a ser luz en medio de la oscuridad, hemos sido llamados a ser ejemplo, a ser cabeza y no cola. Pero para que eso se cumpla en nosotros, tenemos que comenzar a tomar buenas decisiones, aunque no sientas ganas de hacerlo.

Dios desea que, como hijos suyos que somos, apartemos un tiempo dentro de nuestra cargada agenda para dedicárselo a Él. A pesar de que yo entendía que Dios deseaba que apartara tiempo para Él en las madrugadas, una vez desperté y ya era de día, no había ocurrido lo que en noches anteriores había sucedido, por lo que me sentí triste.

Quería estar con mi Señor en las madrugadas, pero tenía que decidir si lo iba a seguir haciendo o no. Ahora tenía que comenzar a poner el reloj despertador y decidir hacer lo correcto aunque estuviera cansada o muerta del sueño o no sintiera hacerlo.

Diariamente tengo que decidir, cuando suena el reloj despertador, si me voy a levantar a orar, a buscar su dirección o si me volteo del otro lado de la cama y continúo durmiendo. Si vas a orar cuando lo sientas, te tengo noticias: esta carne no quiere orar. Nunca lo harás. Para establecer una rutina o un hábito positivo en tu vida, necesitarás más que sentirlo, debes decidirlo.

¿Quieres que Dios te use con gran poder y ser diferente al cristiano promedio? TIENES QUE SACAR TIEMPO PARA BUSCAR SU PRESENCIA.

Yo escogí las madrugadas porque a esa hora mi esposo y mis hijos están dormidos y las faenas del día aun no comienzan. A esa hora me siento más tranquila, despejada mentalmente y dispuesta para Él.

Tengo un computador en el medio de mi sala y a esa hora pongo el disco compacto de oración, el cual realizamos mi esposo y yo como fruto de nuestra vida devocional.[*] Necesitaba

---

[*] Para adquirir este disco compacto de música instrumental visite: www.waleskaorellana.com

música instrumental cristiana y sublime que me ayudase en mis momentos de oración y eso hicimos.

Cuando comiences a orar, empezarás a ver cambios significativos en ti, en tu carácter, en tu forma de ser. Y aun los que están a tu alrededor notarán el cambio que se producirá en ti.

Cuando ores, acuérdate de pedirle al Señor sabiduría, autocontrol; pídele inteligencia y, sobre todo, dile al Espíritu Santo que te dé discernimiento y que guíe tus pasos. La oración cambia todas las cosas. Las promesas de Dios están esperando por hombres y mujeres que oran para que se apropien de ellas.

El evangelista Mateo destaca en su obra maestra (6:6–8) lo siguiente: "Mas tú, cuando ores, entra en tu aposento, y cerrada la puerta, ora a tu Padre que está en secreto; y tu Padre que ve en lo secreto te recompensará en público. Y orando, no uséis vanas repeticiones, como los gentiles, que piensan que por su palabrería serán oídos. No os hagáis, pues, semejantes a ellos; porque vuestro Padre sabe de qué cosas tenéis necesidad, antes que vosotros le pidáis". La oración es una relación entre el Padre y sus hijos.

Cuando comiences con tu vida devocional y empieces a sacar tiempo para Dios, hazlo a solas. Aparta un tiempo para estar a solas con Él. Enciérrate en tu cuarto, o en alguna oficina, o levántate más temprano de lo que acostumbras y dedícale ese tiempo a tu Dios.

Cuando estés a solas con Él, empieza reconociendo su presencia, su gloria, su poder. Pídele al Señor Jesucristo que te perdone por los pecados que pudiste haber cometido, por los que te acuerdas y por los que no recuerdas; que te cubra con su sangre y te limpie de toda maldad.

Comienza alabarle, a glorificar su nombre, a adorarlo en donde puedas alabar y bendecir su nombre con libertad. Reconoce que Él es el todo de tu vida, que es tu Señor y Rey. Que sin Él eres nada, reconoce su señorío sobre ti.

Una vez finalizado este primer e importantísimo tiempo de

adoración, comienza a agradecerle a Dios todo lo que te ha permitido vivir y tener.

El que olvida el lenguaje de la gratitud, alejará grandes conversaciones con la vida, con su prójimo y con su Dios. Por tanto, agradécele por la vida, por tu familia, por tu esposo, por tu esposa, por los hijos, por el hogar que tienes, da gracias por el trabajo, por la salud, por los amigos, porque tienes que comer, porque puedes ver, escuchar y hablar. Aprende a ser agradecido con lo poco que tienes y te será dado aun más.

Recuerda cubrir siempre a tus hijos en oración, a tu esposo o a tu esposa, tu matrimonio, tu casa, tu familia y la familia de tu cónyuge. Recuerda orar por tus padres, por tus vecinos, por tus pastores, por tus hermanos de la iglesia, por tu comunidad, por los líderes que gobiernan y por aquellos que están en necesidad.

Llegarás a un punto en tu vida devocional en que olvidarás tus necesidades y comenzarás a pedir por las de los demás, comenzarás a preocuparte y a orar genuinamente por tu prójimo, entendiendo que Dios tiene el control de todos tus problemas y necesidades.

Tus oídos comenzarán a afinarse, a tal punto que podrás percibir, entender y escuchar su voz y su dirección. Tu relación con el Espíritu Santo de Dios llegará a ser más profunda e íntima. Proponte como meta conocerlo. Si como creyentes entendiéramos eso, si se nos hiciera luz esa encomienda de buscarle en oración y a través de su Palabra, tendríamos menos frustraciones como cristianos, porque su dirección es perfecta. Pídele al Espíritu Santo de Dios, que está en ti, que te ayude y te dirija en la oración, pídele su dirección, para eso es Él.

Recuerda orar siempre por tus enemigos, por los que te odian, por los que no te quieren, por los que te condenan y por los que te han hecho algo infame. A través del perdón podemos dejar ir el pasado; a través del perdón podemos tener una nueva visión del mañana.

Orar por los enemigos no es fácil, es más, no trates de entenderlo o asimilarlo, porque eso solo puede venir de Dios, no lo cuestiones. Todos elogian la paciencia, pero son muy pocos los que están dispuestos a practicarla. Se requiere tiempo para construir una casa, para escribir un libro, para que una semilla germine. Las grandes cosas llevan tiempo y esperar muchas veces cuesta más esfuerzo que trabajar. Confiemos en sus tiempos, persiste en la oración, ten fe.

Vivir, ser uno con Él, permitiendo que toda su vida fluya a través de nosotros, es precisamente la actitud que encierra la oración. El apóstol sabía de esto ya que expresó: "Si permanecéis en mí, y mis palabras permanecen en vosotros, pedid todo lo que queréis, y os será hecho" (Juan 15:7). A través de la oración tomamos posesión de lo imposible, aprendemos a depender de Dios y obtenemos las revelaciones necesarias para que el propósito divino se cumpla a cabalmente en nuestras vidas.

El salmista nos dice (Salmo 2:8): "Pídeme, y te daré por herencia las naciones, y como posesión tuya los confines de la tierra". En la palabra "pídeme" yace la seguridad de que encontraremos una contestación a nuestras peticiones, el grito de la victoria se encuentra ahí. Si prestas atención, lo escucharás.

## B. Leer la Biblia... es escuchar su voz

Cierta vez leí que debemos recordar que, como cristianos, somos la Biblia que leen los no creyentes. Y en cuanto a esto quisiera referir una anécdota interesante: En una ocasión el borrachito del pueblo llamado José, se convirtió al Señor. Era tanta su gratitud y felicidad que siempre lo encontrabas en la iglesia de su comunidad sirviendo. Si había que limpiar los baños, ahí estaba José; barrer, lavar, recoger, todo lo hacía con una sonrisa en su rostro, agradecido por el cambio que Dios hizo en él.

Una noche de culto, mientras el pastor predicaba, entró un hombre muy mal vestido y caminó directo al altar. Mientras avanzaba con sus manos extendidas al cielo, comenzó a gritar: "Señor, hazme como José. Dios, quiero ser como José".

El pastor, sutilmente se le acercó al hombre e intentó corregir su oración diciéndole que lo correcto era que pidiera ser como Jesús. A lo que este le respondió: "Y Jesús, ¿se parece a José?".

Somos cartas abiertas que todos pueden leer. Y realmente el Jesús que este mundo conocerá es el que tú y yo reflejemos a través de nuestras vidas, como lo hacía José.

Cuánta verdad hay en esas palabras, ¿cierto? ¿Podrías analizar y sincerarte contigo mismo y decir qué leen tus amigos en ti, tus compañeros de trabajo, tu familia? ¿Ven a un hombre o una mujer de Dios, íntegro en lo que hace y dice? ¿Ven un creyente con posturas claras o uno camuflado que varía dependiendo de la ocasión en la que se encuentre?

Creo y estoy convencida de que llegó el tiempo de que decidas, el tiempo de decidir quién eres realmente y de que asumas la decisión que tomes. Tienes que leer la Biblia todos los días, meditar en ella. Después de orar, te va a sorprender la manera en que la Palabra de Dios se te va a hacer luz. Pero eso es poco a poco, paso a paso.

Detente, escucha la voz de tu Dios, permanece en silencio y medita en su Palabra. Aprende o practica el escuchar a Dios, lo que tiene que decirte. No basta con que te arrodilles a pedir, pedir y pedir para luego decirle adiós.

Después que termines de orar, ahí mismo en el lugar en que te encuentres, lee la Biblia, que es la Palabra de Dios. Es una buena forma de escuchar y entender la voluntad de Dios para tu vida. No tienes que leer un capítulo entero o un libro completo para ver qué palabra tiene Él para tu vida.

Si eres un cristiano recién convertido, te recomiendo que vayas al libro de los Salmos; escoge uno y léelo con detenimiento, sin prisa. En ellos encontrarás reflejadas las diferentes situaciones por las cuales pasaron los salmistas, las cuales son muy semejantes a las situaciones que tú y yo enfrentamos en nuestro diario vivir. Observa cómo Dios los ayudó a sobreponerse de cada una de esas circunstancias.

Luego puedes seguir con los primeros libros del Nuevo Testamento, ahí encontrarás la vida y milagros de Jesús en su peregrinar por este mundo. ¿Qué mejor ejemplo a seguir que el de nuestro Señor Jesucristo? Con Él aprenderás a imitar sus acciones, para eso eres seguidor suyo.

En un artículo publicado por CBN dice que algunos líderes cristianos coinciden en que en la historia no ha habido una generación tan ignorante de la Biblia como la actual. Una razón es que los jóvenes cristianos se dejan guiar por la cultura popular en vez de seguir las Escrituras. Las consecuencias podrían ser devastadoras, no sólo para la iglesia sino también para toda la sociedad.

En Estados Unidos hay muchas personas, incluidos cristianos, que desconocen la Biblia. Basta con ver las cifras de una encuesta en la que más del 60 por ciento de los estadounidenses desconocen cinco de los Diez Mandamientos o los cuatro evangelios del Nuevo Testamento. Un 80 por ciento, incluidos creyentes nacidos de nuevo, creen que el dicho: "Ayúdate que Dios te ayudará" se encuentra en la Biblia. Y el 31 por ciento cree que basta con ser bueno para entrar al cielo.

Según una encuesta del Grupo Barna, la mayoría de los que se dicen cristianos creen que ni Satanás ni el Espíritu Santo realmente existen. Y aunque la Biblia dice claramente que en Cristo no hay pecado, 22 por ciento de ellos creen que Jesús pecó cuando estuvo en la tierra.

Muchos de los entrevistados basan sus opiniones en sus creencias respecto a diversos temas como el pecado, el cielo, el infierno y la salvación, aferrándose más a su percepción de las cosas.

Por su parte, el pastor Lou Engle, fundador del movimiento de oración "El llamado", dice que es peligroso ser "espiritual" sin conocer la Palabra de Dios: "Si uno se aparta de la verdad, entra en el campo de la decepción y, al final, piensa que está caminando con Dios, pero no es así. Cuando fue tentado, Jesús dijo: 'Escrito está'. Esta generación tiene que decir eso mismo: 'Escrito está', pero tiene que conocer la Palabra para vencer al enemigo".

Tenemos que sacar tiempo para estudiar la Palabra de Dios,

enseñarles a nuestros hijos y a nuestros jóvenes el camino a seguir, si desean obtener una vida victoriosa en este caminar del evangelio.

Recuerda que con Dios lo tenemos todo. Te invito a que te decidas a establecer una vida devocional con Dios. Atrévete a conocer al Espíritu Santo y tu vida jamás, jamás, volverá a ser la misma.

Las experiencias que he tenido a tempranas horas de la mañana son muchísimas. Desde abrir mis ojos y encontrar a mis hijos orando conmigo a esa hora, sin tener que despertarlos.

Veamos lo que señala el evangelista Lucas (18:1–8):

> *También les refirió Jesús una parábola sobre la necesidad de orar siempre, y no desmayar, diciendo: Había en una ciudad un juez, que ni temía a Dios, ni respetaba a hombre. Había también en aquella ciudad una viuda, la cual venía a él, diciendo: Hazme justicia de mi adversario. Y él no quiso por algún tiempo; pero después de esto dijo dentro de sí: Aunque ni temo a Dios, ni tengo respeto a hombre, sin embargo, porque esta viuda me es molesta, le haré justicia, no sea que viniendo de continuo, me agote la paciencia. Y dijo el Señor: Oíd lo que dijo el juez injusto. ¿Y acaso Dios no hará justicia a sus escogidos, que claman a él día y noche? ¿Se tardará en responderles? Os digo que pronto les hará justicia. Pero cuando venga el Hijo del Hombre, ¿hallará fe en la tierra?*

Dios NO tardará en responder, hará justicia. Y escúchame, muchos no sabemos el don que tenemos en nosotros mismos para pedir. Muchas veces nos menospreciamos porque no tenemos un credencial, ni un título de evangelista, ni de pastor o pastora, pero debo decirte que a la hora de oír un corazón, Dios oye el de cualquiera que tenga fe y esperanza.

Dios escucha un corazón contrito, humillado y sincero, porque a través de Jesucristo todos hemos venido a ser hijos de Dios, todos por igual. Y todos tenemos el mismo acceso al Padre a través de su Hijo amado.

Tienes que creerlo, si nuestro soberano Dios te dice: "Clama a mí y yo te responderé", ¡hazlo! NO dudes, aprende a depender de Dios. Recuerda que a través de Jesucristo todos hemos venido a ser hijos de Dios.

Él conoce plenamente tu amargo dolor y el camino para que salgas de tu sufrimiento. No sentiremos desesperación eternamente, en Jeremías 30:17 (NVI) Dios lo garantiza cuando afirma: "Pero yo te restauraré y sanaré tus heridas".

Y esta ama de casa, esta mujer sin títulos, pero con un corazón agradecido a Dios, te dice que sí se puede. Que aunque otros no te vean, que aunque pienses que eres invisible, déjame decirte que hay alguien que SÍ te ve, que hay alguien que SÍ te está escuchando y que hay alguien que SÍ está interesado en ti.

¡Gloria a Dios por eso! Gloria a Dios porque me vio y se apiadó de mí y entendió mi corazón. Él vio mi anhelo y es por eso que ya no me siento invisible, ahora me siento invencible en Él, porque TODO lo puedo en Cristo que me fortalece.

El Dios que les estoy presentando no es un Dios ajeno, lejano e histórico; es un Dios real, maravilloso e interesado en las cosas que te suceden. Y lo mejor de todo es que puedes conocerlo mejor a través de su Palabra, la Biblia.

Este Dios del cual hablo es un Dios misericordioso y proveedor, que está atento a ti y a lo que necesitas. Él ve tu angustia, conoce tu necesidad y desea que solo le des la oportunidad para ayudarte, para levantarte si te has caído, para restaurarte, para sanarte si es que estás enfermo y para darte ese final feliz que tanto deseas.

Este Dios que estoy describiendo ha estado conmigo en los momentos más difíciles de mi vida, ayudándome, socorriéndome. Es un Dios infinito en paciencia y amor. Le agradezco tanto por eso, porque yo era muy difícil y a pesar de eso, me amó tal y como yo era; no tuve que cambiar para merecer su amor, Él me amó incondicionalmente, así como te ama a ti.

Aunque pienses que lo que sucede es que no sé todo lo que has hecho en esta vida, aunque creas que es difícil que Dios te ame así como eres, aunque tú mismo te descalifiques, digas o pienses lo que sea, eso no va a cambiar la realidad y el hecho de que Dios te ama. Dios te ama tal y como eres. Solo tienes que aceptar su amor. Ese es su regalo para ti.

¿Quién nos separará del AMOR de Cristo? ¿Enfermedad? ¿Angustia? ¿Persecución? ¿Hambre? ¿Infidelidad? ¿Tribulación? ¿Divorcio? ¿Cárcel? ¿Ateísmo? NADA nos podrá separar del amor de Dios.

¿Sabías que el ayuno es una fuente secreta de poder que muchos pasan por alto? A través del ayuno nos renovamos espiritualmente y se libera en nuestras vidas la unción, el favor y la bendición de Dios.

¿Por qué, entonces, no comenzar cada nuevo año con un ayuno? Así como la oración diaria en las mañanas nos ayuda durante el resto del día y nos cubre de cualquier cosa que pueda suceder, igual sucede con el ayuno al comenzar el año.

"Cuando uno toma la decisión de ayunar al comienzo del año, se une a miles de personas en todo el mundo que también empiezan el nuevo año ayunando. Si hay poder en una persona que ayuna, imagínate miles de personas ayunando, ¡es fuerza multiplicada! ¡Es poder multiplicado!", afirma el reconocido pastor Jentezen Franklin, autor del libro *El ayuno*, obra que les recomiendo si desean saber más sobre el tema.

La oración combinada, es decir combinada con la lectura de la Palabra de Dios y el ayuno, constituye el trío de herramientas necesarias e indispensables que cada creyente debería adoptar desde el primer día que se convierte.

Lee su Palabra… decide conocerle, sigue su camino y hallarás respuestas a todas tus interrogantes.

*cuatro*

# UNA ORACIÓN SINCERA

EN UNA OCASIÓN leía que "Dios está buscando gente que se interese en las mismas cosas que le interesan a Él y que se conmueva con las mismas cosas que lo afectan".

Personas simples como tú y como yo, que estén dispuestas a hacer su voluntad, esas son las que anda reclutando el Espíritu Santo de Dios en este tiempo. Él no anda buscando quienes tengan un doctorado o una licenciatura en algún campo, ¡no! Sino personas que estén decididas a hacer la diferencia en nuestra sociedad y a no diluirse en ella. Recuerda que tu hablar solo puede ser creíble si lo respalda tu proceder.

¿Por qué no comienzas a compartir hoy lo que tienes con tu prójimo? Siempre hay alguien a tu alrededor que necesita ayuda. Mi esposo dice: "No es solo caminar, sino lo que hacemos en el camino". El profeta Isaías (58:10, NVI) nos enseña: "Si te dedicas a ayudar a los hambrientos y a saciar la necesidad del desvalido, entonces brillará tu luz en las tinieblas, y como el mediodía será tu noche".

### Son nuevos comienzos en sendas antiguas

Estamos viviendo en tiempos extremos, en los que somos bombardeados diariamente por un sinnúmero de noticias, anuncios, músicas, lecturas y comportamientos que hace mucho tiempo dejaron de ser extraños, ajenos e increíbles. Se han convertido en temas y situaciones parte de nuestra cultura y costumbres, en hechos extremos que han venido a ser el pan diario en cada una de nuestras casas. A lo cual me opongo y protesto, aunque sepa que la contestación será: "No ha lugar".

Estamos viviendo tiempos radicales, en los que se necesita levantar una generación decidida, una generación comprometida, que decida no diluirse con lo que está sucediendo en el mundo. Que sean niños y jóvenes con posturas claras, familias con un pensamiento firme y personas con un pensamiento radical.

Y cuando menciono la palabra radical en este libro, no quiero que pueda ser mal interpretada o confundida con otras palabras similares, como fanatismo (que es un extremismo irracional) o reaccionario (que es extremismo de derechas, que se inclina a restablecer lo abolido).

Así que NO lamento decepcionar a aquellos extremistas con mentalidad legalista que compraron este libro creyendo que el mismo promueve sus ideas o creencias, porque yo NO hago eso; en este escrito no se pretende promover doctrinas humanas que tanto daño le han hecho al evangelio y al Cuerpo de Cristo.

Yo no soy religiosa y no promuevo una religión, porque Jesucristo es vida, no religión. Pero de igual forma espero decepcionar a los extremistas liberales, porque tampoco pertenezco ni simpatizo con sus ideas. Detesto la manipulación.

La oración no pertenece ni a los religiosos ni a los manipuladores que te ofrecen prosperidad instantánea si les sueltas dinero, ¡no! La oración pertenece al Cuerpo de Cristo, a su iglesia, a su pueblo, aquellos que somos sus hijos.

Necesitamos volver a los valores, necesitamos llamar sin ningún temor a lo malo, malo y a lo bueno, bueno. Necesitamos una generación menos materialista y más sensible al llamado de Dios, personas revestidas del poder de Dios, de la autoridad divina, que cuando lleguen a un lugar, todos se tengan que detener a verles y escucharles ya que tienen algo diferente.

Estoy hablando de personas que Dios va a usar en el mercado, jóvenes que van a evangelizar a sus amigos en las escuelas, hombres que en su lugar de trabajo ministrarán a sus compañeros. En los hospitales, caminando, en la fila del banco, haciendo cualquier gestión, ahí estarán aquellos hombres y mujeres que le han dicho al Señor: "Envíame a mí", personas decididas a cumplir la gran encomienda que nos dejó nuestro Señor Jesucristo. Necesitamos una generación conforme al corazón de Dios. Necesitamos una revolución de amor por nuestro prójimo como por nosotros mismos.

Cuando estábamos por mudarnos a los Estados Unidos, hace años atrás, buscaba en la Internet acerca del programa escolar hogareño (en inglés, "homeschooling") en la Florida; porque necesitaba saber todo lo relacionado con las leyes y regulaciones que tiene el estado acerca de este tipo de escuela, ya que yo educo a mis hijos de esta forma.

Y haciendo mi búsqueda en la Internet, encontré una página de apoyo para padres en el área a la cual me iba a mudar, lo que me dio mucha satisfacción. Pero cuando leí bien, me aterrorizó ver que la página pertenecía a un grupo de padres educadores hogareños que practicaban brujería o paganismo y que estaban criando a futuros paganos o brujos.

Ellos estaban seguros de la encomienda que tenían de pasarles directamente sus creencias a sus niños, porque creían en su futuro, haciéndoles saber que no tenían por qué avergonzarse de ser paganos y mucho menos de practicar la brujería. Les enseñan desde muy pequeños a hacer los ritos y todas esas cosas que solo ellos saben hacer, sin que nadie interfiera en su crianza como niños paganos. En silencio y con poco ruido se está levantando un ejército de niños amantes del paganismo y el ateísmo.

Sin embargo, ¿cómo es posible que nosotros, teniendo la verdad en nuestras manos, teniendo el conocimiento de Dios en nuestras vidas, no tengamos la voluntad, el interés, ni la intención de levantar una generación radical por Cristo?

Debemos traspasarles nuestros valores, los cuales nos han conducido hasta este momento sin tropezar; debemos enseñarles el evangelio que por Él nos fue entregado.

¿Cómo no levantar niños apasionados por Dios, niños que aprendan a conocerlo desde su temprana edad, que estén familiarizados y acostumbrados a vivir en su presencia y a ver su gloria? Necesitamos niños que conozcan el poder de la oración.

¿Cómo no levantar jóvenes con pasión, con entrega, amantes de la oración, con compromiso, íntegros y claros en su llamado y el papel tan importante que desempeñan en nuestra sociedad? Un joven apasionado por Cristo es un arma poderosa en la expansión del reino de Dios en la tierra. Necesitamos jóvenes amantes de la rectitud mucho más que del alcohol, que las drogas o la pornografía cibernética. Necesitamos jóvenes con mentes claras, que entiendan lo que han sido llamados a hacer.

¿Cómo no levantar familias con conocimiento, entendimiento y sobre todo con discernimiento, que puedan identificar sin duda alguna las cosas que no están bien, que puedan dirigir, educar, instruir a sus hijos en el amor del Señor, teniendo claro y presente el llamado de Dios a sus vidas y a las de sus hijos? Necesitamos familias que levanten diariamente altares familiares, en los que se cultive la oración y la lectura de la Palabra de Dios.

¿Cómo no levantar iglesias radicales, no legalistas, ni liberales, que promuevan la integridad, que presenten con claridad y transparencia un evangelio no licuado, ni prostituido, mensajes sin manipulación alguna, sino llenos de la unción y el poder de Dios? Congregaciones donde activen y provoquen a sus miembros a tener una relación de intimidad con Dios.

Marie Olive Kabila, la primera dama de la República Democrática del Congo, convocó a tres días de ayuno y oración nacional. Durante esos tres días los congoleses de todo el país se reunieron en sus iglesias y en estadios deportivos para orar y adorar a Dios, intercediendo por toda la nación del Congo.

"Este es solo el principio. Queremos ser libres del diablo y los espíritus malignos que se pasean por nuestra nación. Creo que las murallas de Jericó están cayendo. Dios va a liberar a nuestro país", afirmó la Primera Dama.

Quien habla en esos términos es la esposa del gobernante de la República Democrática del Congo. Su esposo, el presidente Joseph Kabila, es uno de los líderes africanos más jóvenes.

"Pueblo de Dios, este es un día muy especial para mí. Estoy aquí para decirles que nunca me avergonzaré del nombre de mi

Señor. Lo necesitamos desesperadamente para sanar a nuestro país", dice la señora Kabila, expresando de paso públicamente su definición en asuntos de fe.

La República Democrática del Congo, según algunos analistas religiosos, pareciera estar bajo maldición por su pobreza extrema, a pesar de sus múltiples recursos naturales. Posee diamantes, cobre, oro, cobalto, zinc, entre otros minerales preciosos. Pero a pesar de todas sus riquezas, el país es un desorden: en declive político, económico, social y, de acuerdo a la señora Kabila, espiritualmente también.

El este del Congo, que concentra la mayoría de las riquezas del país, es también la zona cero de la peor guerra del continente, en este momento. Pese a un acuerdo de paz, las tropas gubernamentales aún intentan evitar que grupos rebeldes tomen el control de los minerales. Cientos de miles han sido desplazados y decenas de miles de mujeres han sido violadas, torturadas y mutiladas. Según la Agencia Central de Información, más de cinco millones de personas han muerto aquí desde 1998 debido a hambre, violencia y enfermedad.

Con la aprobación de su esposo, la señora Kabila lanzó una campaña de oración, colocando vallas con mensajes cristianos en todas las ciudades principales. Desde los medios de comunicación suplicó a sus compatriotas que se unieran a los tres días de ayuno y oración, por lo que la respuesta fue abrumadora. Para sorpresa de muchos, la primera dama, acompañada por un cantante cristiano reconocido, concluyó la campaña cantando, pidiéndole al Espíritu de Dios que descendiera sobre su tierra.

Theodore Mugalu, asesor de la pareja presidencial comenta: "La primera dama es una persona fuerte en la fe. Ella sabe que solo a través de la oración podemos enfrentar los Goliat de nuestra cultura. Por eso estos días son tan importantes". En la historia política de la República Democrática del Congo, ningún líder de estado ha llamado a días de oración y ayuno. (Fuente: CBN News)

Por lo tanto, es posible levantar gobiernos radicales (no

izquierdistas, ni de extrema derecha, no estoy promoviendo ningún partido o forma de gobierno); me refiero a que nosotros como hijos de Dios, tenemos que ejercer nuestro derecho al voto y apoyar a nuestros hermanos en la fe, aquellos que no solo simpatizan, sino que lleven vidas íntegras en las posiciones gubernamentales, donde se puedan legislar más acciones como la de la señora Kabila en el Congo.

Hacen falta gobiernos que entiendan que en la Iglesia del Señor, en la oración y en la Palabra de Dios hay solución para la crisis que hoy azota a nuestra sociedad.

Cuando vivimos con integridad, y llenos del poder de Dios, comenzamos a amar a nuestro prójimo y a ayudar al necesitado, entendiendo que todas las demás cosas están bajo el control de Dios, por lo que Él suplirá cada una de nuestras necesidades.

En otra referencia relevante, debo acotar que el presidente de Honduras dio instrucciones para iniciar una cruzada encaminada a inspirar temor a Dios en todos los funcionarios del gobierno.

Porfirio Lobo, el presidente de Honduras, asignó esa misión al comisionado presidencial de religión y culto, Carlos Portillo, que se ha encargado de coordinar visitas a ministros, viceministros, directores, gerentes y otros funcionarios en el cumplimiento de una política nacional de valores y principios, informó *El Heraldo de Honduras* en diciembre de 2010.

El Comisionado presidencial informó que el objetivo es inspirar el temor a Dios en la mayoría de los funcionarios públicos, pero en particular a aquellos que se encargan de manejar los recursos del Estado. "Solo a través de la Palabra de Dios es posible realizar esto, ya que con el temor a Dios el principio de mayordomía se amplía y se aplica; lo que de hecho estamos tratando de hacer, que el funcionario sea mucho más responsable con el manejo de los recursos que no le pertenecen", agregó el comisionado.

Por otro lado, el portal noticiacristiana.com publicó un artículo sumamente interesante en el que líderes ejecutivos denominacionales y reconocidos representantes de la Iglesia Evangélica de Nicaragua, expresaron sus intenciones de participar en los aspectos jurídicos y políticos de su país.

Consideran que tienen personas capaces y honestas que incidirían en el bienestar de la nación con su desempeño en cargos públicos.

Así lo expresan miembros de la Junta Directiva de la Incidencia Pública Evangélica, reunidos esta semana para reflexionar sobre el papel que ha jugado la Iglesia evangélica nicaragüense en el desarrollo del país.

Destacaron lo que han aportado en lo social y económico con la predicación del evangelio resaltando de paso que representan ya un 38% de la población de 5.8 millones de habitantes. Uno de los líderes denominacionales más representativos del sector evangélico nicaragüense y presidente de las Asambleas de Dios, es el reverendo Saturnino Cerrato, que señaló que con "tanta corrupción y tanta degeneración moral", quieren incidir en los campos jurídicos y políticos del país.

En particular, creo firmemente que ese es un gran paso y una gran acción que debemos aplaudir. Como hijos de Dios tenemos que ejercer nuestro derecho al voto y apoyar a nuestros hermanos en la fe, no solo a los simpatizantes, sino a los que tienen vidas íntegras, y posicionarlos donde la Iglesia de Cristo siempre debió estar. Debemos tener presencia en los espacios legislativos para ejecutar más acciones a favor de los valores y principios establecidos por la Palabra del Señor. Estamos hablando de gobiernos que entiendan que en la Iglesia del Señor, en la oración y en la Palabra de Dios hay solución para la crisis que hoy convulsa nuestra sociedad.

*cinco*

# No olvides en la oscuridad lo que Dios te prometió en la luz

H ACE EXACTAMENTE 17 años, mi abuela Nilka tuvo un gravísimo accidente. Ella siempre fue una mujer muy independiente; a pesar de su avanzada edad nunca quiso mudarse de su casa.

Desde que enviudó, decidió seguir viviendo en su residencia cuidando a su madre, mi bisabuela, la cual llegó a ser su compañera inseparable. Abuela Nilka, desde que tengo memoria, siempre tuvo problemas de la vista, como cataratas, glaucoma y otras enfermedades que la llevaron a perder la visión de un ojo.

Era una noche despejada, pero calurosa, en la ciudad de Bayamón, Puerto Rico, recuerdo muy bien el día: diciembre del año 1993. Estaban ella y mi bisabuela durmiendo, cuando algo, un ruido, despertó súbitamente a mi abuela Nilka.

Ella solo recordó haber escuchado que alguien llamaba desde afuera, ¿sería un sueño?, quizás. Es más, ella pensó que algo me había sucedido, ya que para ese tiempo llevaba en mi vientre a los gemelos y estaba teniendo un poco de dificultad con mi embarazo.

Lo que haya sido, solo fue el comienzo de una larga, triste e interminable noche para ella. Al intentar levantarse de la cama, no se sabe cómo, tropezó, lo próximo que sintió fue algo extraño en el piso; algo no estaba bien, no podía verlo, pero sentía todo mojado. "Se fue la luz", pensó.

Pero lo que sucedió en realidad fue que aquel líquido era sangre. Era su propia sangre, que salía por su ojo sano, tenía una hemorragia interna, por lo que sentía un inmenso dolor y una angustia, ¿qué estaba sucediendo?, ¿con qué se había golpeado?

Mi bisabuela de 95 años de edad estaba durmiendo en la otra habitación, y realmente despertarla podría haber sido peor. Así que su única esperanza era llegar hasta la puerta principal de la casa y pedirle a Dios que alguien la escuchase gritar y la pudiera auxiliar.

Pero no encontraba el teléfono, ni las llaves para que alguien pudiese entrar. Ella no sabía que en su trayecto iba dejando en el suelo la huella de su sangre.

Mi abuela perdió la visión por completo, días después yo era forzada a dar a luz.

Físicamente, mi abuela Nilka quedó en la oscuridad; mas no su espíritu, ni su optimismo, ni su humor, ni su pasión por seguir viviendo. Allí la podías encontrar, en su modesta residencia, nadie la pudo sacar de ahí y todos los domingos entonaba en su iglesia los hermosos himnos de gloria.

He descubierto cuánto la amé y cuánto más la admiraba. Ella nos enseñó mucho acerca de su Salvador. Le encantaba que le leyéramos la Biblia en las mañanas.

Nunca escuchamos a mi abuela quejarse de lo sucedido, de su boca solo salieron alabanzas y gratitudes a nuestro Señor. Fue un ejemplo y un gran modelo de lo que es NO olvidar en la oscuridad lo que Dios ha prometido en la luz.

He pasado muchas madrugadas orando, pero hacía mucho tiempo que no pasaba una en el hospital con un ser querido. Tuve que hacer un viaje urgente a Puerto Rico, porque mi abuelita Nilka de 94 años estaba muy grave en el hospital. Tanto que no esperaban que pasara de esa noche.

Rápidamente pusimos la noticia en todas nuestras páginas de Internet, pidiendo oración por ella. Hermanos de todos lados (Venezuela, Colombia, República Dominicana, Panamá, Puerto Rico, México) comenzaron a levantar clamor por ella aun sin conocerla.

Llegar al hospital y verla postrada en cama intentando

encontrar aire, fue un cuadro muy impresionante para mí. Mientras las lágrimas brotaban de mis ojos, intentaba ver cuál era mi papel en aquel lugar.

Esa fue la primera de varias noches en las que tuve la bendición de quedarme con ella, cuidándola; fue una gran oportunidad para demostrarle mi gratitud y amor por tantos años de cuidado conmigo y con todos sus nietos, biznietos y tataranietos.

Fue una noche muy activa, pero en los cortos periodos en los cuales lograba dormirse, yo aprovechaba para orar por ella, la bendecía, le daba gracias a Dios por su vida y por la herencia tan linda que nos había dejado: este evangelio.

Como a las cuatro de la mañana, sentada frente a su cama, el sueño me venció. Pero, para mi sorpresa, su voz me despertó media hora más tarde. Ella hablaba en voz alta y preguntaba si se encontraba sola. Me puse de pie con rapidez y le respondí diciendo que no, que no estaba sola, que yo me encontraba allí.

Ella, con sus 94 años de edad, me pidió que recitáramos su salmo preferido, el Salmo 27. Así que tuve que decirle que me esperara para ir a buscar la Biblia, porque a esa hora ya yo no registraba bien y juntas comenzamos a declarar esta poderosa palabra:

*Jehová es mi luz y mi salvación; ¿de quién temeré? Jehová es la fortaleza de mi vida; ¿de quién he de atemorizarme? Cuando se juntaron contra mí los malignos, mis angustiadores y mis enemigos, para comer mis carnes, ellos tropezaron y cayeron. Aunque un ejército acampe contra mí, no temerá mi corazón; aunque contra mí se levante guerra, yo estaré confiado. Una cosa he demandado a Jehová, ésta buscaré; que esté yo en la casa de Jehová todos los días de mi vida, para contemplar la hermosura de Jehová, y para inquirir en su templo. Porque él me esconderá en su tabernáculo en el día del mal; me ocultará en lo reservado de su morada; sobre una roca me pondrá en alto. Luego levantará mi cabeza sobre mis enemigos que me rodean, y yo sacrificaré en su tabernáculo sacrificios de júbilo; cantaré y entonaré alabanzas a Jehová. Oye, oh Jehová, mi voz con que a ti clamo; ten misericordia de mí, y respóndeme. Mi corazón ha dicho de ti: Buscad mi rostro. Tu rostro buscaré, oh Jehová; no escondas tu rostro de mí. No apartes con ira a tu siervo; mi ayuda has sido. No me dejes ni me desampares, Dios de mi salvación. Aunque mi padre y mi madre me dejaran, con todo, Jehová me recogerá. Enséñame, oh Jehová, tu camino, y guíame por senda de rectitud a causa de mis enemigos. No me entregues a la voluntad de mis enemigos; porque se han levantado contra mí testigos falsos, y los que respiran crueldad. Hubiera yo desmayado, si no creyese que veré la bondad de Jehová en la tierra de los vivientes. Aguarda a Jehová; esfuérzate, y aliéntese tu corazón; sí, espera a Jehová.*

Qué hermoso este salmo y qué inspiración la de este salmista llamado David. Su habilidad para captar tantos sentimientos y situaciones en un solo salmo es asombrosa. Fíjate que casi siempre somos nosotras las mujeres, las que tenemos como que esa gracia de poder expresar nuestros sentimientos, pero este hombre era diferente, era un líder conforme al corazón de Dios.

Hay quienes piensan que el rey David hizo este salmo antes de subir al trono, y hay versiones que añaden que fue antes de ser ungido.

Pero los judíos sostienen que fue escrito en su vejez, específicamente después de lo que sucede en 2 de Samuel 21 cuando Abisai, uno de sus hombres valientes, lo libró de la espada del gigante. Pero luego de que el gigante casi mata al rey David, sus hombres le juraron que nunca más lo dejarían salir con ellos a la batalla. Diciendo: No sea que se apague la lámpara de Israel. Ellos decían que David era *la antorcha de Israel*, y por cierto que era *una lámpara que ardía y alumbraba.*

En el Salmo 27 David nos enseña cómo nosotros, cual hijos

de Dios, nos podemos acercar a nuestro Padre, sobre todo en tiempos difíciles. Pero cuando David comenzó diciendo: "Jehová es mi luz", hizo una declaración, reconociendo el señorío de Dios en su vida y al cual le daba toda la gloria; revelando a todos, que su luz no era propia… sino prestada. Porque Jehová era su luz.

Así como la luna toma prestada la luz del sol para alumbrarnos en la noche, sucede con nosotros; esa luz que se nos entrega cuando nos convertimos en hijos de Dios, la debemos utilizar para alumbrar a otros con el evangelio, así cumplimos su propósito.

El apóstol Juan (8:12) afirma lo siguiente: "Otra vez Jesús les habló, diciendo: Yo soy la luz del mundo; el que me sigue, no andará en tinieblas, sino que tendrá la luz de la vida". Por eso mi abuelita no olvidó en sus momentos de oscuridad lo que Dios le había prometido estando en la luz. Hasta sus últimos minutos se vieron signos en su rostro de haber vivido una vida plena bajo la luz de Cristo.

Partió al encuentro de nuestro Dios llena de amor y, además, rodeada de su familia, dejándonos un mensaje de esperanza y el gozo de haber terminado una gran carrera para iniciar una nueva vida en la eternidad.

*seis*

# CONOCER A DIOS

¿UNA IDEA?, ¿ACASO ficción?, ¿o un mito?... ¿Será Dios el mayor o el mejor de los inventos que se haya creado en la historia de la humanidad? Mi corazón no puede callar ante semejantes expresiones o pensamientos. Porque soy testigo de su existencia y cuando eres testigo, tienes que contar, decir y proclamar lo que has visto, lo que has vivido, para que los otros que aún no han creído, puedan tener un panorama más amplio y constancia de los hechos que han sucedido en tu vida y en la de miles y miles de personas que le han conocido y no tienen ninguna duda de que Dios es real.

¿Cómo rechazar o vetar algo que no has conocido o de lo cual no tienes ni idea? ¿Fuiste justo y sincero en el momento que decidiste darle una oportunidad en tu vida a ese Dios del cual tanto hablan? ¿O ni siquiera te ha interesado la idea de indagar cuál es la verdad? Pues bueno, yo sí me tomé el tiempo para buscar y ver si Dios era real o no, y aquí te cuento lo que encontré.

Cuando uno conoce a Dios, se enamora de Él instantáneamente. Es un amor a primera vista, pero que dura eternamente. Cuando encuentras esa persona de la que te enamoras, ese primer tiempo que pasas es mágico, hay una fuerza que te lleva a conocerla más, a querer saber cómo es su carácter, su forma de ser. Entras en amoríos, así es cuando conoces a Dios.

Es imposible que no te enamores de Él. Es imposible que después de conocerle, te alejes de Él. En tu interior empieza a crecer un fuerte deseo de agradarle en todo lo que haces, dices o piensas. Y, claro está, tu relación con Él variará dependiendo de las circunstancias en las cuales te encuentres en el momento de conocerlo.

Si lo conoces atravesando una situación sumamente difícil y aun traumática, Él se convierte en ungüento y bálsamo para ti.

Si lo conoces en un momento de pérdida o abandono, viene a ser como un Padre amoroso y consolador.

Si lo conoces en medio de una juventud rebelde, viene a convertirse en ese ideal que te vuela la cabeza, impulsándote a ser radical.

Si lo conoces en medio de una enfermedad, Él es tu pronto auxilio, tu fortaleza y, lo mejor de todo, tu sanador. Pasa a ser tu principio y tu final, el Alfa y la Omega en tu vida, tu todo... tu Dios.

Pero, ¿cómo hago eso? ¿Cómo lo conozco? Simple. Antes que nada, necesitamos acercarnos a Él, convertirnos a Él, aceptarlo en nuestro corazón como Rey y Señor de nuestras vidas.

Hasta el día de hoy hay personas que no tienen claro cómo pueden ser salvas, cómo obtener salvación para su alma. Confunden religión con salvación. Pero si tomáramos un poquito más de tiempo para leer su Palabra, la Biblia, encontraríamos las respuestas a todas nuestras preguntas. Sin embargo, estamos acostumbrados a que nos digan, nos enseñen las cosas, antes de tomarnos el tiempo para hacerlas y aprenderlas por nosotros mismos.

Por eso le pido al Señor que en este momento abra tu entendimiento, para que su Palabra se haga vida en ti; entendiendo que Dios desea bendecirte, desea promoverte, llevarte a otro nivel; su deseo es verte completo, realizado y comprometido con Él.

Ha llegado tu tiempo, tu momento, de dejar de ser invisible y empezar a ser invencible en Él, pero el primer paso que tienes que dar —si no lo has hecho— es aceptar a Jesucristo como tu Señor y Salvador personal.

La Biblia declara, en Romanos 10:9: "Que si confesares con tu boca que Jesús es el Señor, y creyeres en *tu* corazón que Dios le levantó de los muertos, serás salvo". Así de simple, sin complicaciones. El versículo 10 de ese mismo capítulo dice: "Porque con el corazón se cree para justicia, pero con la boca se confiesa para salvación". Tienes que hacerlo públicamente, confesar, decir, revelar al mundo, en quién estás creyendo.

¿Sabes?, en la mayoría de las iglesias protestantes o evangélicas, al finalizar sus servicios o actividades siempre hacen una invitación a las personas que desean la salvación de su alma. Te invito a que, si no has tomado esta decisión tan importante, lo hagas; es decir, busca una iglesia que te ayude a acercarte más a Dios.

Cuando decidimos ser salvos a través de Jesucristo —el único camino que nos lleva a la salvación—, Dios escribe nuestros nombres en el libro de la vida. Nos sella con su Espíritu Santo y automáticamente pasamos a ser hijos de Dios.

Así dice la Escritura: "Todo el que confíe en él no será jamás defraudado". No hay diferencia entre judíos y gentiles, pues el mismo Señor es Señor de todos y bendice abundantemente a cuantos lo invocan, porque "todo el que invoque el nombre del Señor será salvo". Qué promesa más grande, ¿verdad?

Primero menciona que todo aquel que confíe en Él no será avergonzado, así que no lo serás; pues imagínate, has puesto tu confianza en el Dios Todopoderoso, ¿cómo serás defraudado? Y qué lindo es cuando dice que no hay diferencia, ninguna diferencia para Dios entre tú y yo. Él está presente con todos, Dios desea bendecirnos a todos por igual. No importa lo que te hayan hecho, no importa tu pasado o lo que hayas dicho o pensado.

Cuando aceptamos a Jesucristo como nuestro Señor y Salvador personal, Él nos limpia con su sangre de todos nuestros pecados; los olvida y los perdona, para venir a convertirnos en nuevas criaturas, en personas con una nueva oportunidad, sin pasado que pueda atormentarnos, porque Dios todo lo hace nuevo. Aleluya.

Regocíjate, alégrate, porque ha llegado tu hora, ha llegado tu salvación, ha llegado tu bendición. Jesucristo es el Señor. Amén.

"Mi porción es Jehová, dijo mi alma; por tanto en él esperaré" (Lamentaciones 3:24). Recuerda que esperar no es una señal de debilidad, es una posición de fuerza. DIOS puede intervenir y hacer lo IMPOSIBLE, si se lo permites.

Si deseas hacer una oración de fe y salvación, repite estas palabras en voz alta:

"Señor Jesús, en esta hora te acepto como mi Señor y Salvador personal. Creo que eres el Hijo de Dios, que moriste en la cruz por mis pecados y resucitaste al tercer día y que te encuentras a la diestra del Dios Padre intercediendo por mí. Lávame con tu sangre y límpiame de toda mi maldad y de todos mis pecados. Escribe mi nombre en el libro de la vida y séllame con tu Espíritu Santo. Crea en mí un corazón recto, oh Dios. Ayúdame en este nuevo comienzo y dirige mis pasos. En tu nombre Jesús, he orado, amén".

## Segunda parte:

### TESTIMONIOS DE PERSONAS QUE NO HAN DEJADO DE RESPIRAR

*uno*

# MIRIAM ...

## LA HISTORIA DE UNA MUJER QUE RESPIRÓ LA INGRATITUD Y EL ABANDONO

En 1993, Roberto y yo teníamos ya un año de casados. Fue cuando conocí a una hermosa extranjera que vivía en mi país. Al igual que mi esposo, había dejado atrás a toda su familia en su nación de origen. Partió y se fue muy lejos, se había casado muy enamorada de un puertorriqueño.

Conocerlos fue una gran bendición para nosotros como pareja; ellos eran pastores y muy buenos maestros de la Palabra del Señor. Miriam* me contaba que había tenido una niñez muy linda, pero con muchas necesidades.

Procedía de una familia pobre en la que hubo días que al levantarse no sabía si iba a poder desayunar o no. Qué fuerte, ¿verdad? Pero eso la enseñó a ser una persona sensible y sobre todo agradecida.

A la edad de 26 años ocurrió algo especial en la vida de esta mujer, llegó a su país un misionero puertorriqueño a fundar una obra. De alguna forma, ese misionero llegó a las puertas de su hogar solicitando ayuda, a lo que su familia rápidamente accedió y, como Miriam era secretaria de profesión, le ayudó a preparar una carta que necesitaba para cierto permiso. Ella era la única hija soltera que quedaba y su mamá le decía: "Hija, ese misionero

---

* Nombre ficticio

77

es viudo y va a ser tu marido". Miriam se burlaba de eso. Y aquí
es donde comienza su historia.

El misionero plantó la obra exitosamente, su familia trabajo
con él mano a mano y no pasó mucho tiempo para que se cum-
pliera la palabra profética de su madre. Poco más tarde se estaba
casando con el joven misionero y recibiendo la iglesia, para así
comenzar el ministerio que Dios tenía planeado para él junto a
su esposo.

Miriam se casó enamoradísima e ilusionada como toda mujer,
y con su flamante esposo también recibió una hija que este tenía
de su primer matrimonio, una criatura de solo un año y once
meses de edad, que por cierto vivía en Puerto Rico con sus
abuelos paternos desde los seis meses, y una de las señales que le
había puesto al Señor —si era su voluntad que ella se casara con
él—, precisamente era que al contraer matrimonio sus padres le
entregaran a la niña para que la criaran juntos.

Dice Miriam que "ellos no tuvieron objeción al hecho de
enviármela a un país tan lejano sin siquiera conocerme a mí, de
modo que entendí que Dios estaba en el asunto".

Así que recibió a la niña dos meses antes de casarse y la crió
como si fuera suya, fue un regalo precioso, tanto que se dijo:
"Bueno, me ahorré un parto". Pero al año y medio de casada
Dios completó su felicidad con la llegada de otra niña. "Dios
estaba cumpliendo su propósito en mí, la obra seguía creciendo
mientras mi amado esposo y yo trabajábamos mano a mano."

A los dos años de casados, se le declaró una enfermedad a
su esposo, eran úlceras y gastritis aguda. Cada día perdía más
peso, el doctor le recomendó que se practicara una operación
con urgencia, ya que sangraba mucho y todo lo que ingería le
hacía daño.

Como si eso fuera poco, su hija mayor sufría de asma crónica
y el frío le hacía mucho mal. Eso provocó que su esposo viajara
a Puerto Rico a operarse y a la vez se llevara a la hija mayor para
controlarle el asma.

Miriam quedó encargada de la obra en su país y de su hija

menor, ayudada por otro misionero que trabajaba con ellos. Fueron momentos difíciles. Pero siempre confió en Dios y en que todo iba a salir bien.

La operación en Puerto Rico fue un éxito, por lo que ahora se preparaba para recibir a su esposo de regreso junto con su hija, pero grande fue su sorpresa al verlo llegar solo y con pasajes de regreso a Puerto Rico para ella y su hija menor. Su esposo le explicó que el médico le había recomendado regresar a su país ya que el frío le hacía mucho daño a él y a la pequeña.

Fue un duro golpe para ella, ya que Miriam era muy apegada a su familia, a su país y sobre todo a su congregación; pero ella había hecho un juramento en el altar el día que se casó, que dejaría padre y madre y sería una sola carne con su esposo.

Así que llegó a Puerto Rico con su hija de seis meses de nacida y su esposo; llegaba a un país completamente desconocido y lejos de su patria; no sabía qué propósito tenía Dios con todo eso, no le fue fácil. Pero amaba a su familia y quería hacer la voluntad de Dios. Poco a poco se fue adaptando y siempre veía la mano de Dios sustentándola y dándole las fuerzas para seguir adelante en ese país extraño.

Tiempo después, Dios completó su felicidad con la llegada de un hermoso varón, un boricua. Qué alegría, se sentía la más afortunada de las mujeres. "Amaba a Dios por sobre todas las cosas, tenía un esposo amoroso y unos hijos bellos; pastoreábamos una iglesia y, en lo secular, Dios nos había bendecido.

"Mi esposo terminó sus estudios a nivel universitario y de maestría, y yo comencé a trabajar en una agencia de gobierno. Teníamos todo lo que una familia puede desear", afirma Miriam. Eran una familia envidiable, se veían como un modelo, con defectos como todo el mundo, pero daban ejemplo de lo que era tener ministerio y a la vez una familia estable y basada en el amor.

"Cuando una cree que todo está bien y se siente tan privilegiada por tantas bendiciones, no le pasa por la mente, ni en sueños, que puede pasar lo que viví y estoy viviendo en este momento", me comentó Miriam en su correo electrónico.

"Después de veintiún años de casada, con tres hijos y una nieta; un ministerio y una vida entregada a Dios; cuando crees que tu vida es casi perfecta, mi esposo me abandona y me pide el divorcio... si a ustedes les sorprende... cuánto más a mí; ha sido el golpe más bajo que he podido recibir en toda mi vida, todavía ni siquiera lo puedo asimilar... mi mundo se cayó en cuestión de segundos... no lo podía creer... pensé que desfallecía... quería morir.

"No lo podía entender, a mi mente llegaron tantas cosas; le preguntaba a Dios el porqué, lloraba sin consuelo; me veía sola, pensaba en mis padres y mis hermanos que estaban tan lejos, y no tenía dónde refugiarme, solo contaba con mis hijos y no quería angustiarles."

Imagínate, después de tantos años de casada, sintiéndose amada, protegida, la más especial de las mujeres; y que, de momento, el hombre que ha estado contigo por tanto tiempo, que prometió en un altar cuidarte y amarte hasta que la muerte los separara, por el cual ella dejó todo, al que le dio los mejores años de su vida... no podía explicarse aquel cambio tan abrupto ni el giro que dio la vida de su esposo; al extremo de llegarle a decir que había dejado de amarla, que ya no le servía ni como esposa ni como mujer... "Es tan humillante y doloroso, que llegué a sentir lo peor; mi autoestima se vino al piso y llegué a tocar fondo", dice Miriam.

Por supuesto, Miriam cayó en una terrible depresión, no quería comer, todo le daba lo mismo, perdió como veinte libras. Tomaba su auto y se iba a los estacionamientos a llorar para que sus hijos no la vieran.

Tomaba la Biblia en sus manos y la leía; y decía: "Dios... yo que predico tu Palabra y a través de ella he fortalecido a tantas personas, ¿por qué me siento tan triste y tan desolada, en estos momentos?, ¿por qué no te siento mi Señor?, te necesito, creo en tus promesas... ayúdame por favor".

A esa mujer le había tocado respirar la traición, la ingratitud y la deslealtad. Aires contaminados que te dejan asfixiado, sofocado y ahogado.

El divorcio fue inevitable. Miriam jamás pensó en eso, se había casado con la ilusión de envejecer junto a su esposo. "Les diré que solo la misericordia de Dios me ha sostenido; y, más que nunca, puedo decir con toda propiedad que ahora conozco a un Dios sustentador, a un Dios consolador, a un Dios presente, que nunca me ha dejado", señaló. "Hasta aquí Dios me ha dado la victoria, fue mi abogado y mi intercesor; solo les puedo decir que, en todo este proceso, ha estado conmigo.

"El enemigo se levanta contra uno y trata de ganar terreno en medio de la dificultad; te turba, no puedes pensar con claridad, las lágrimas te inundan y pierdes la visión, te ciegas y el coraje se apodera de ti; la impotencia y la amargura quieren dominarte; no olvidemos que somos humanos y como tales las situaciones nos afectan.

"Las personas creen que por el hecho de ser cristianos y, más aun, líderes con ministerio, no podemos sentir esas cosas, pero pasamos por ellas", agregó.

Miriam, por su parte, sana día a día. "Bendigo al padre de mis hijos dondequiera que esté, porque el que perdona es libre. Me quedo con esos 21 años hermosos que me dio y con los bellos hijos que me dejó. Lo que ayuda mucho en estas situaciones es pensar en lo bueno que te dieron y no en lo malo.

"He aprendido que uno tiene que dar gracias a Dios por todo y alabarle en las buenas y en las malas también. En medio de este proceso, aprendí a valorar a los buenos amigos que Dios puso en mi camino. Mucha gente me apoyó, pastores, hermanos de mi iglesia, compañeros y amigos; sé que sus oraciones, consejos y hasta su ayuda monetaria no faltaron. Hasta en eso Dios se encargó de suplir, ¿cómo no voy a darle toda la gloria?", añade Miriam.

Mientras escribía esta historia, las lágrimas rodaron por mis mejillas, pero la escribí con el único propósito de ayudar a muchas mujeres, quizás, que pueden estar pasando por algo parecido. Quiero aconsejarles que no permitan que el dolor, la depresión, la decepción, ni ninguna otra mala sensación se adueñen de sus vidas, ya que eso es lo que quiere el enemigo de nuestras almas: hacer que pierdan la fe, la autoestima, que no se valoren porque fueron abandonadas.

Pero al igual que Miriam, Dios nos ha hecho entender, que somos valiosas, mujeres guerreras, especial tesoro en sus manos, que somos la niña de sus ojos, y que tiene grandes planes con los que se someten y esperan en Él.

Miriam quiso compartir esta oración con nosotros, en especial con aquellos que se encuentran atravesando esta misma situación.

"Padre amado, me postro delante de ti, primero que nada reconociéndote como mi único Salvador. Al darte gracias por tu amor y gran misericordia, apelo a esos atributos tuyos, oh Dios, para que tengas de mí misericordia y me cubras con tu inmenso amor.

"Te necesito más que nunca mi Dios, me siento desolada, desconsolada, no puedo entender el porqué de esta prueba. Solo te ruego que me ayudes a cruzar este desierto, ya que no tengo fuerzas Dios, ni dirección. Por favor, guíame, enséñame el camino. Dios, ¿qué quieres que aprenda de todo esto? Te suplico que tu Espíritu Santo me ilumine y me dé las fuerzas para seguir adelante.

"Te pido perdón si te he faltado, si he desconfiado y he permitido que la desesperación haga presa de mí; pero Dios, creo en tus promesas y sé que tú vives y que eres real y que nunca me dejarás. Gracias mi señor. En el nombre de Jesús. Amén."

# *dos*

## YO TAMBIÉN APRENDÍ A RESPIRAR

PARA EL AÑO 2002, nos encontrábamos en una nueva etapa en nuestras vidas como familia. Nos mudábamos a los Estados Unidos y, como todo extranjero en tierra de yanquis, llegué con mis temores a lo desconocido, pero muy entusiasmada y feliz por la bendición de Dios y por lo que me estaba permitiendo vivir.

Jamás se me había pasado por la mente que algún día viviría fuera de mi terruño, nunca estuvo en mis planes, al igual que jamás se me había ocurrido pensar que me casaría con una persona de otro país.

Una puertorriqueña casada con un chileno, mi esposo Roberto Orellana, siervo del Señor, el cual ha sido de inspiración y ejemplo para mi vida. Hombre como él quedan muy pocos y le doy gracias a Dios por haberlo separado para mí... ¡qué combinación! Eso solo lo hace Dios y para producir unos gemelos "chilerriqueños", mis hijos: Isaac Roberto y Roberto Isaac, que para ese entonces solo contaban con la edad de 9 años.

Ignorantes de lo que se nos avecinaba y de las intensas vivencias por las cuales tendríamos que pasar, comenzamos a adaptarnos poco a poco a un nuevo sistema de vida totalmente distinto al nuestro, en un idioma diferente y lejos de mi familia (lo cual me ayudó muchísimo a entender a mi esposo, que vivió por más de 10 años en un país muy lejano al suyo para seguir haciendo su vida junto a mí).

No alcanzábamos a llegar al año, cuando todo comenzó. Recuerdo como si fuera hoy, la primera ocasión en la cual toda esta pesadilla empezó. Ese día los niños se levantaron muy alegres porque tenían una gira al teatro. Iban a utilizar el bus escolar mientras mi esposo y yo íbamos a ir en nuestro auto.

Pero justo antes de que partiera el bus, la maestra de los niños se acercó al auto a informarnos que uno de los gemelos no se sentía bien.

Recuerdo que al llevarlo al pediatra, este no supo decirme lo que era. Le hizo unos análisis y los envió a laboratorio porque pensaba que podría ser el azúcar o alguna irregularidad, pero los resultados fueron normales, así que no le dimos mayor importancia a la situación.

Pasaría un mes, más o menos, cuando un domingo en la tarde —recuerdo que mi esposo se encontraba fuera del país—, mis hijos y yo salimos de la iglesia y fuimos a almorzar.

Yo solía sentarlos siempre en los restaurantes frente a mí, porque así tenía mejor control de lo que hacían o comían. Cuando de pronto el niño me dijo: "Mamá, me está sucediendo otra vez, ayúdame". Fueron los 10 segundos más largos de mi vida, un frío comenzó a subirme por las piernas, me puse muy nerviosa porque no sabía lo que le estaba pasando a mi hijo. Corrí con él al hospital, le hicieron pruebas, laboratorios, lo dejaron en observación, pero no dieron con nada.

Me sentía frustrada, porque ahora había visto lo que hacía ya un mes le había sucedido a mi hijo en el bus escolar y ni el pediatra ni el hospital podían decirme qué le estaba sucediendo. Así que tomamos la decisión, mi esposo y yo, de que me fuera con el niño a Puerto Rico para que su pediatra de toda la vida lo examinase.

Ah, Waleska. ¡Cuánto te faltaba! Ahora que reflexiono en eso, veo cómo todo cambiaba por completo, mi vida, la de mi hijo y la de mi familia ya no serían iguales. Entraba en un desierto, en un proceso duro que no entendería sino mucho tiempo después.

No poder ayudar a mi hijo es la sensación más frustrante que jamás haya vivido. Sé que hay muchos padres que saben de lo que estoy hablando. Saben de ese sentimiento aterrador, desolador, que no sabes explicar, pero que está presente y no sabes si hablar al respecto por miedo a que no entiendan lo que estás sintiendo.

Fueron muchos los días que pasamos en los hospitales, en ocasiones, cuando mi esposo se encontraba fuera del país ministrando, iba mi hijo rumbo al hospital montado en una ambulancia acompañado de su hermanito, mientras yo tenía que ir guiando mi auto atrás, a gritos, llorando desesperada, porque no podía atender a mi hijo, porque nos encontrábamos solos en un país sin nuestras familias, sin nadie que pudiese ayudarme o a quien avisarle.

Los médicos me decían que tenía que aprender a acostumbrarme a ver a mi hijo así. ¿Acostumbrarme? ¿Cómo puede alguien acostumbrarse a ver a un hijo enfermo? ¡Explíquenme cómo! Mi espíritu rechazaba esas palabras, usted podrá sicoanalizarme y pensar que estaba en la etapa de negación, y yo le respondo que sí, en esa etapa hemos quedado, porque ni mi familia ni yo —hasta el día de hoy—, aceptamos esa enfermedad en el cuerpo de mi hijo. Día tras día oramos y damos gracias a Dios por su sanidad, declarando por fe lo que aún no hemos visto.

En una ocasión, luego de dejar a mi hijo acostado, me fui al baño corriendo y me metí debajo de la ducha para que ni mi esposo, ni mis hijos me pudiesen escuchar llorar. Estaba asustada, me sentía tan desamparada, sola y desorientada... no sabía qué hacer. "Mi hijo no se sana Dios, ¿qué estoy haciendo mal? He declarado tu Palabra, hemos hecho todo lo que como creyentes en ti, Señor, deberíamos hacer, ¿qué sucede?", le decía a mi Padre celestial.

Mientras gritaba bajo la ducha y le pedía al Señor ayuda, suplicándole que se apiadara de mi hijo, que por favor no me permitiera verlo más en esa condición, comencé a derramar mi corazón completamente y pude sacar fuera ese dolor que brotaba a chorros de mi interior.

Fue en esos instantes, en los que clamaba, cuando sentí en mi corazón ese lenguaje especial del Espíritu Santo hablando a mi vida, fue una experiencia única y difícil de describir, porque fue un detalle de amor que Dios tuvo conmigo, en el que me expresó lo siguiente: "Ni todo ese amor tan grande que sientes por tu hijo, unido a todo el que siente tu esposo como papá, se puede comparar con el inmenso amor que tengo YO por tu hijo". Cuando esas palabras retumbaron en mi corazón, sentí el infinito amor de Dios cubriéndome bajo aquella ducha, sentí una paz extraordinaria que me liberó de aquella carga tan grande que tenía sobre mí, fue en ese momento cuando pude soltar a mi hijo confiada en las manos del Señor.

Permíteme decirte, como madre que ha pasado por el desierto con un hijo, que en momentos como ese lo único que nos queda es aferrarnos a Dios, porque cuando la enfermedad toca un hijo, todo tu mundo —como padre o madre— se detiene, todo se vuelve al revés, la rutina familiar cambia por completo, son tiempos duros, momentos difíciles, en los cuales eres molido y vuelto a moldear. O creces, te haces más fuerte o te liquidan.

Solo Dios conoce muy bien, papá y mamá, ese sentimiento que te consume, solo Él conocía muy bien ese sentimiento que casi no me dejaba respirar. Él es esa paz y esa ayuda en tus momentos más difíciles, en los que uno de tus hijos está enfermo. Porque la paz que Dios da no es como la que el mundo ofrece, es una paz que sobrepasa todo entendimiento.

Por tanto, no dejes que la enfermedad pase a ser parte de tu vida, no permitas que se convierta en parte de tu rutina o tu diario vivir, que NO sea una tarea diaria más que debes hacer, no la sumes, ¡RÉSTALA!

En todo ese proceso, que ha sido bastante complicado, con el río en contra, cuando la noche parecía que no avanzaba, llegó lo que tanto anhelábamos... la Palabra de Dios cobrando vida. Aun en el desierto, Dios ha prometido no dejarte, ni desampararte (Josué 1:5). Esta palabra fue la que comenzamos a declarar día y noche, incluso a cantarla; fue esta palabra y la oración de fe lo que nos ha mantenido respirando hasta el día de hoy.

Mi vida cambió por completo, la Waleska que existía hasta ese punto ya no vive más, fui probada, fui rota y vuelta a formar.

Mi corazón se sensibilizó aun más, ya no era la misma, todo lo veía diferente y con más sentido.

Cuando visitábamos las iglesias con mi esposo para ministrar y se nos acercaban los padres con hijos enfermos para que orásemos por ellos, el compromiso con mi prójimo crecía y se fortalecía, porque yo sabía cuán eficaz y refrescante era una oración hecha a tiempo por un hermano en la fe o por un amigo, ya que muchas veces las anhelé, puesto que mi esposo y yo en muchas ocasiones deseamos recibir una llamada u oración llena de aliento y apoyo, pero lamentablemente eso casi nunca ocurría, nadie llamaba… qué ironía, ¿verdad?

Pero eso fue lo que me impulsó a distinguirme, fue una de las muchas cosas que me llevaron a apasionarme por la oración, ya que cuando empiezas a orar, comienzas a ver a tu prójimo como lo ve Dios, con misericordia, con amor, con respeto y te sensibilizas con su dolor.

Cuando tienes una vida de intimidad con Dios, comienzas a interesarte en los problemas del que tienes a tu lado, ya no piensas tanto en lo que tú quieres o deseas, empiezas a ver cambios en ti que jamás pensaste que podrían suceder. Porque cuando se cultiva una vida de oración, se aprende a descansar en el Señor, entendiendo que Él tiene cuidado de ti, mientras tú te ocupas del que tienes a tu lado. De eso se trata este evangelio. Por tanto, ¡involúcrate!

# *tres*

## SARAI PABÓN

### RESPIRABA AIRES DE MUERTE

A MENUDO EN LA mañana, cuando lavo los platos, miro por la ventana de mi cocina hacia el frente y me parece que la veo llegar en su pequeño auto rojizo.

Con una sonrisa, la observo bajarse tarareando himnos acompañada de su termo de café en las manos y con la alegría usual que le ocasionaba visitarme para ayudarme en las faenas del hogar. "Bendición, mamita, ya llegaste", le gritaba. Era mi madre. Y sucedió un día antes de que, a consecuencia de un aparatoso accidente la madrugada siguiente, hace casi 9 años, falleciera en el acto, dejándonos de repente.

Mi madre era una sierva de Dios, su fidelidad se extendió los 56 años de su vida. Desde niña fui testigo de sus experiencias con el Espíritu Santo. Así como lo manifiesta la Palabra en el libro de Job 33:15: "Por sueño, en visión nocturna, cuando el sueño cae sobre los hombres, cuando se adormecen sobre el lecho, entonces revela al oído de los hombres y les señala su consejo".

Mami me sentaba todas las mañanas a leerme una libreta negra en la que tenía anotadas visiones, sueños, profecías que el Señor le expresaba la noche anterior. A veces mi humanismo brotaba y me decía: "Ay, ya viene con otro sueño". ¡Pero lo curioso es que todo se cumplía al cabo de un tiempo! Y me decía emocionada: "¿Viste? ¡El Señor me lo había revelado!".

A mis dos hermanos mayores y a mí nos apartaron para el servicio a Dios desde pequeños. Papi era la dulzura reflejada en un rostro pasivo y amoroso que nos enseñaba cómo prepararnos en la Palabra; Mami era la rectitud y la pasión de servir a Dios bajo el manto de la santidad, salpicada por su carácter único que todos conocíamos, pero que amábamos por igual.

Recuerdo cuando la observaba clamar en su habitación, la miraba calladita cuando se arrojaba al piso y, como los profetas de la Biblia, se acostaba rostro en tierra, con la cara completamente pegada al suelo y los brazos extendidos. Más tarde comprendí que era su forma de humillarse y clamar a Dios por las circunstancias que enfrentaba. Su principal clamor siempre fuimos nosotros; sus tres hijos, la herencia que Dios le entregó.

Era la perfecta anfitriona en las festividades, le encantaba cocinar, preparar su colección de vajillas y hacer sentir a las visitas como en su casa. A la nuestra llegaban desde pastores hasta evangelistas que degustaban su rica variedad culinaria de manjares. Todas las ocasiones que requerían de un obsequio, los adquiría con meses de anticipación. Su casa siempre estaba limpia, era el ama de casa perfecta. Siempre como una leona, nos cuidaba y nos espantaba el pecado.

Por otra parte, cuando yo estaba soltera trabajaba de noche, por lo que cuando estaba dormida y abatida por el cansancio a menudo sentía un fuerte toque a mi puerta en plena madrugada. Cuando la abría, ahí estaba ella, con el ceño fruncido, advirtiéndome que orara más y que me entregara más al Señor y me alejara de lo que estaba haciendo, pues el Espíritu le revelaba que algo me zarandeaba y podía claudicar mi fe, a lo que yo respondía algo molesta: "¡Mami, por favor, no me despiertes para esas cosas!".

Una vez visitamos una iglesia, yo tenía solo 12 años cuando mi madre, que estaba sentada a mi lado, lloraba. A mi mente acudieron los acostumbrados pensamientos: "Tiene una de sus conversaciones íntimas con Dios", pero vi levantarse a una joven que estaba predicando y en medio de la nada se le acercó, la tomó de las manos y le ministró con voz dulce y audible, como suele hacerlo el Espíritu Santo, mientras le decía: "Desde hoy te contesto tu anhelada petición, tengo cosas grandes, planes maravillosos con tus hijos".

Sentía la presencia de Dios de una manera poderosa y cada lágrima y sollozo de ella calaban hondo en mi corazón, que a tan temprana edad no entendía bien lo que ocurría.

Muchas veces veía cómo el Espíritu la llevaba cual tornado hasta la persona que necesitaba ser ministrada y cómo el poder de Dios descendía.

La madrugada del 7 de mayo de 2002, regresando de dejar a mi padre en el trabajo, un auto a gran velocidad interceptó el carril por donde ella cruzaba con el suyo, dando como resultado que falleciera en el acto, a las 5:00 de la madrugada. Esa misma hora desperté en mi cama con un sobresalto, pero logré calmarme y volver a dormir.

Siempre observaba las noticias matutinas de los canales de televisión, esa mañana me entretuve con mis hijitos y no la encendí. Mi hermano mayor iba de camino al trabajo cuando observó la gran congestión de tráfico y el momento en que la policía estatal sacaba el cuerpo inerte de mi madre y lo colocaban en la carretera.

Corrió despavorido, con gran dolor y estupefacción, colocó tiernamente la cabeza de mi madre en su regazo sin poder creer lo que estaba presenciando. Mi esposo llegó a la escena también impactado y pensando de qué forma me daría la noticia. Llamó a su hermano y a su esposa para que fueran de inmediato a mi casa y no me dejaran ver las noticias hasta que él llegara. La esposa de mi hermano tuvo que armarse de valor e ir al trabajo de mi papá y de mi tía materna a darles la noticia, que ya comentaban los compañeros de trabajo sin saber que les tocaría de cerca la tragedia y que cuando se enteraron les impediría continuar su día normal de trabajo... allí no hubo un rostro sin lágrimas.

Cuando mis cuñados llegaron a mi casa esa mañana, a las 8:00, me extrañó mucho, sobre todo por sus caras algo tristes y ansiosas. Les conté que había pasado la tarde anterior con mi mamá, haciendo ejercicios en un parque cercano a casa y que no sabía lo que ocurría, pero había algo que no me dejaba pensar en abrazarla y decirle lo mucho que la quería.

Les conté lo mucho que Mami jugó con mis hijos, que le daba de comer a mi hijo menor que contaba con tan solo 11 meses, que jugaba la gallinita ciega con mi hija que tenía solo 5 añitos. Recordé su rostro amoroso cuando mecía en su falda a mi hijito en un columpio. Cuando la dejé en su auto, en el estacionamiento del parque, creo que la abracé cuatro veces más repitiéndole cada una de ellas: "Bendición Mami, te quiero mucho".

A las 11:00 de la mañana mi esposo llegó a casa y cuando lo recibí en la puerta noté que mi cuñado se paró detrás de mí. Le pregunté qué había pasado, pues mi cuñado me había dicho unos minutitos antes que la razón por la que me visitaron temprano era para decirme que Mami había tenido un accidente.

Entonces mi esposo me agarró por los hombros y me dijo: "Sary, tienes que ser fuerte; tu mamá tuvo un gran accidente... tu mamá falleció". No recuerdo nada más... solo una punzada muy fuerte, algo como una puñalada en mi corazón. Lo último que salió de mi boca fue un rotundo grito, un rotundo NO, antes de desplomarme: "Mami... no... no puede ser".

Sentí que el dolor de pecho no me dejaba respirar, a mi lado mis cuñados sollozaban conmigo mientras apoyada en el pecho de mi marido yo seguía repitiendo: "¡No puede ser!".

Solo el que ha padecido semejante pérdida puede identificar el inmenso dolor que se siente, algo que no se compara con ningún otro. "Dios mío, dame fuerzas para enfrentar esto", era mi constante clamor.

Tanto el funeral como el entierro fueron experiencias devastadoras y dolorosas para todos, sobre todo para mi hermana que, residiendo en los Estados Unidos, tuvo que tomar un avión sumamente afectada. De los tres, ella era la más apegada a Mami, aun pese a la distancia.

Recuerdo a mi padre, que valientemente y como todo un siervo de Dios y con todo el dolor y las lágrimas que bajaban por su rostro, clamó a gran voz frente a todos los presentes:

"Jehová dio, Jehová quitó. Sea el nombre de Jehová bendito".

Sentada en mi automóvil le pedí a Dios que me diera fuerzas para resistir ver el cuerpo de mi madre en un ataúd, cuando dos días antes la tenía conmigo. Durante las alabanzas y palabras de diversos predicadores que asistieron al funeral, mi mente algo conmocionada pensaba: "¿Qué pasó, Señor? ¿Qué haremos ahora sin Mami? ¿Qué será de Papi?".

Nunca, ni una vez pasó por mi mente un reproche, aunque mi corazón se desgarraba de dolor y me sentía como el profeta Jeremías (8:18) cuando exclamó: "A causa de mi fuerte dolor mi corazón desfallece en mí". Jamás le reproché a Dios, nunca le dije un ¿por qué? En mi interior sabía que algún día entendería la razón de su arrebatamiento. Me preguntaba si en el momento del impacto sufriría.

Me cuestionaba, como la conocía tan bien, si se le escapó un "Cristo", como pasaba cada vez que tenía algún susto, pero de algo estaba yo segura y es que fue levantada a las moradas del Padre celestial que amó y sirvió toda su vida. Al par de días del accidente, estábamos reunidos en la sala de la casa cuando nos acordamos de la famosa libreta negra de profecías y visiones que ella guardaba debajo del colchón de su cama. Rápidamente nos pusimos a buscarla, pues era un valioso tesoro que queríamos hojear y comentar. Nunca la encontramos, esa duda permanece entre nosotros.

¿Le habría mostrado el Señor que se la llevaría y ella desechó los escritos para que no sufriéramos? Especulamos y hasta hoy seguimos especulando sobre el destino de la libreta.

Con la ayuda del Señor logramos poco a poco sobrevivir y continuar en pie. Al poco tiempo vimos los sueños de Mami cumplirse con respecto a nosotros, sus hijos. Hoy en día mi hermano mayor es reverendo y pastorea una hermosa congregación en Ciales, Puerto Rico, y es maestro del mismo instituto bíblico del que nos graduamos.

Mi hermana pastorea con su esposo otra hermosa congregación en Fort Lauderdale, Florida, y yo obtuve con los más altos honores mi certificación en Artes Ministeriales en una reconocida institución cristiana.

Dios me ha dotado con un don para escribir que comparto con ustedes en este relato. He sido maestra de educación cristiana en instituciones privadas y me he dedicado siempre a ser una servidora en la iglesia en la que persevero en Manatí, Puerto Rico, y donde me han confiado coordinar el grupo de seguimiento y visitación.

Sabemos que la obra no termina aquí, sabemos que tenemos profecías y que fuimos dedicados para servir, por lo que vendrán muchas más cosas. Agradezco al Señor los años que me brindó la compañía y cuidado de mi madre. Le agradezco las vigilias que hacía con Dios por nosotros. Agradezco que si no hubiese sido fuerte con su carácter, hoy no estaríamos sirviéndole a Dios.

Agradezco haber sido su hija más pequeña ya que estuve más tiempo con ella. Agradezco esa última tarde que me regaló el Señor con ella y en la que pude, sin saberlo, despedirme con tanto amor.

¿Has pasado por esta situación? Puedo asegurarte que en el Señor hay sanidad para ti. Con Él pudimos recuperarnos en un corto tiempo, al punto que humanamente los sicólogos a los que tuvimos que asistir, nos expresaban que parecía que la tragedia había pasado hacía tres años y no solo un par de meses. Todavía late en mí y siempre estará presente cada recuerdo vivido con mi madre, ya los días festivos no duelen tanto como al principio.

Atesora los recuerdos, las vivencias y mantenlas frescas en tu memoria, divulgándolas a tus hijos y a tu familia. Entrégale a Dios todo el dolor, que con sus brazos abiertos enjugará cada lágrima; llora, gime ante su presencia.

El Espíritu Santo está dispuesto a consolarte en cada etapa de tu vida. Todo es un proceso, a veces corto, a veces largo, pero cuando Dios habita en el corazón de la persona que lo sufre es más llevadero. Unos días extraño a Mami muchísimo más que otros, pero ser parte de su legado me mantiene mirando al frente pidiéndole a Dios que me bendiga y me haga fiel a Él como lo fue ella.

A continuación deseo compartir esta oración contigo, amado lector, esperando que pueda brindarte consuelo y esperanza en este delicado momento que estás pasando o que pasaste y todavía no superas.

"Padre celestial, reconozco que eres Dios, mi creador; reconozco tu grandeza y tu señorío sobre mí.

"Tengo la certeza de que todos los eventos de mi vida han sido predestinados y permitidos por ti.

"Alabo y glorifico tu santo Nombre.

"Y en este momento de angustia y dolor que embarga mi corazón, me vuelvo a ti con la esperanza de que escuches mi clamor.

"Mi corazón sufre la ausencia del ser que me brindaste para que encaminara mis pasos, formara el ser humano que soy hoy y me dotara de la capacidad de amar.

"Mi mente finita a veces no puede entender el porqué, por eso te pido humildemente que me cubras con tu manto misericordioso y me perdones si flaqueo.

"Espíritu Santo, ¿podrías consolarme con tu calor y tu sensible toque?

"Te pido que me acompañes a atravesar este valle de lágrimas y me lleves a pastos de descanso y esperanza en los que renaceré con una fuerza mayor y más firme en ti.

"Te agradezco la oportunidad de regalarme el tiempo que cuidé, amé y serví a mi madre. Ayúdame a ser ejemplo a mi esposo, a mis hijos y demás familiares tomando el control de mis emociones desde este momento. Declaro que estoy cubierta con tu sublime amor, en ti descansa mi alma.

"En el nombre de tu amado Hijo Jesús, amén."

*cuatro*

# AMARILIS RIVERA

ERA CASI EL fin de semana y el plan de nuestro negocio se desarrollaba según mi esposo y yo lo habíamos previsto. No podíamos perder ni un minuto de nuestro tiempo para no desenfocarnos de las metas que necesitábamos alcanzar. En medio de la situación económica que nos ha tocado a todos, nuestro negocio se tambalea, al igual que nuestras finanzas, por lo tanto tenemos que sacarle el mayor provecho a cada día y a cada gestión.

Y a pesar del cansancio que sentía ese jueves, me levanté temprano, más que por mi propio deseo por la ansiedad que me provocaba la lista de cosas que tenía que hacer ese día.

Empezando por levantar y preparar a mi chiquito de tres años para ir a su escuelita, acción que se ha convertido en todo un acontecimiento difícil de por sí, y que nos consume muchísimo tiempo en las mañanas. Pero qué lejos estaba yo de pensar que mi "tan bien planificado día" se desarrollaría de una manera tan diferente.

Una vez nos despertamos, mi esposo me dijo que se sentía muy débil y mareado; casi no podía pararse de la cama. Así que tuve que emprender sola el ajetreo con mi hijo, llevarlo a la escuela, regresarme a la casa, atender a mi esposo, cargarlo hasta el carro con la ayuda de mi papá, llevarlo al hospital y acompañarlo en la sala de emergencias todo el día.

Entre exámenes y estudios, aprovechaba los ratitos de espera en el hospital para llamar a la oficina, darles seguimiento a los asuntos pendientes y coordinar algunos detalles del trabajo. Simultáneamente hice los arreglos con mis papás para que se encargaran de mi niño, que al final del día se nos enfermó también, con fiebre y dolor de cabeza.

Ya en la noche, todos en casa, mi esposo aún se recuperaba de sus mareos y yo, con un cansancio intenso, tuve que preparar unos regalitos que mi pequeño tenía que llevar al otro día para su fiesta de la amistad.

¿Algo más que añadir a mi día? ¡No, por favor! O bueno, sí, una gran cama para descansar y una noche como de 24 horas para dormir, dormir y dormir.

¿Te has visto en un torbellino como ese? Estoy segura que sí y tal vez peor. Hoy las mujeres tenemos que dividir nuestro tiempo, esfuerzos y energías en muchas áreas diferentes y, como apasionadas que somos, le ponemos el corazón para que todo quede bien y en todo hagamos un buen trabajo.

¿Sabes qué? No siempre quedaremos bien en todo y no siempre todo saldrá como hemos planificado o como deseamos. En situaciones así es que nos llegan los sentimientos de frustración, coraje, tristeza y ansiedad, sentimientos que no solo nos hacen daño a nosotras mismas, sino que afectan a los que nos rodean. Entonces, ¿cuál es el punto de equilibrio? ¿Cómo superamos el afán de cada día? ¿Cómo sobrevivimos a las sorpresas que alteran nuestra agenda o que arruinan nuestros planes?

La oración. ¿Así de simple? Así de sencilla (y de poderosa). No cuesta nada. Está disponible, 24 horas al día, los 7 días a la semana. Puede ser corta, casi que en un suspiro. Puede ser de horas, como esas conversaciones interminables con las amigas.

Puedes hablar de todo. En tu idioma o en el de las lágrimas. Se acepta que llegues enojada, triste o frustrada. Lo bueno es que al final terminarás en paz. ¡Garantizado, del otro lado hay alguien que SÍ te escuchará! Pero no olvides tomar el tiempo para que tú también escuches…

**¡Refréscate en la oración!**

Te invito a que tomes este momento para ti y Dios. Si eres una mujer que tiene responsabilidades en su negocio o trabajo, tienes hijos que cuidar, esposo que atender, padres y otros familiares que ocupan espacios importantes en tu vida, y aparte cumples con tareas en el ministerio u otras organizaciones, y además necesitas tiempo para ti… Bueno, ponle una pausa a tu agitada vida y haz conmigo esta oración:

"Mi Dios, gracias por haberme creado a tu semejanza y por equiparme con dones, talentos y habilidades para enfrentar los retos de esta generación y de estos días. Gracias porque puedo acercarme a ti con mi corazón abierto, y porque me escuchas y me respondes siempre.

"Te pido sabiduría para tomar las decisiones correctas en mi caminar. Sabiduría para escoger mis palabras y mis respuestas. Sabiduría para escuchar, aconsejar y ayudar a los que me rodean.

"Señor, dame fortaleza física para levantarme con agilidad ante el cansancio o el desánimo, de modo que pueda cumplir con cada tarea en mi hogar, en mi trabajo y en el ministerio. Te pido salud para mí y mi familia, y que tu mano nos cubra y nos guarde de todo mal.

"Dame la templanza para enfrentar cualquier cambio o situación difícil. Que ninguna complicación me robe la paz que solo tú me das. Espíritu Santo, corrígeme cuando mi carácter y mis emociones se salgan de control. Dame Dios de tu gracia y tu amor para esos momentos. Que el perdón aflore de inmediato a mis labios y a mi corazón para no dejar que crezca la amargura.

"Señor, a ti te entrego mi tiempo y te pido que me ayudes a administrarlo bien y a tener mis prioridades en perspectiva. Dame las ideas y estrategias para lidiar efectivamente con mi negocio o mi trabajo, así como con mis finanzas y todo lo que hago para ti. Trae prosperidad a cada área de mi vida y bendíceme para así poder bendecir a otros.

"Permite que durante todo el día, cada día, pueda reflejar tu amor y tu luz, y que disfrute el regalo de la vida aun en los momentos más sencillos o en los más complicados. ¡Dame de tu gozo, eso será mi fortaleza!

"Ayúdame a mantener mi mirada puesta en ti, en tus propósitos y a que mi fe crezca y se haga más fuerte. A no perder de vista tus promesas y a recordar que soy una mujer con destino. Haz mi espíritu más sensible a tu voz y guíame en este caminar, día a día.

"En el dulce nombre de mi Señor y Salvador Jesús, amén".

*cinco*

# BERNARDO CASTILLO

## UN HOMBRE QUE NO SUPO CÓMO RESPIRAR CUANDO SU HIJO MURIÓ

CONOCIMOS A BERNARDO hace varios años en la hermosa República Dominicana. Es un profesional que trabaja en uno de los aeropuertos de ese país, además de ser el coordinador de los conciertos de mi esposo. Cuando lo vimos por primera vez estaba con su hermoso hijo. Poco más tarde, nos enteraríamos de que el pequeño había sido diagnosticado con una terrible enfermedad: cáncer. Lo siguiente es lo que Bernardo nos informó:

"Cada persona tiene sus propios sufrimientos, sus propios problemas. Problemas económicos, problemas familiares, problemas matrimoniales. Pero uno de los más terribles es cuando se le muere un hijo. Hace año y medio, más o menos, a mi hijo Henry se le presentó un cáncer en la rodilla derecha. Se le amputó la pierna, pero luego el cáncer hizo metástasis, por lo que se le extendió por todo el cuerpo. A los dos meses de haberle amputado la pierna, mi hijo fue internado en una clínica por 19 días y murió.

"Desde entonces su madre, su hermana y yo hemos sufrido mucho. No creía que podría soportar tal sufrimiento, pero me aferré a Jesucristo fuertemente y me ha enseñado a vivir con este sufrimiento".

Bernardo quiso compartir con todos nosotros la siguiente oración por fortaleza:

"Soberano Dios todopoderoso, en este momento te pido que les des fuerzas y fortalezas a aquellas personas que estén pasando por un problema como este. Dales las fuerzas necesarias para poder vivir con sus heridas.

"En el nombre de nuestro Señor Jesucristo, te pido que les des ánimo y que nunca se aparten de tu presencia Señor. Todo esto te lo pido en el nombre de Jesús. Amén".

*seis*

# SANDRA VÁZQUEZ

Era el año 2007, estaba sentada en el piso de un hospital, esperando que mi esposo saliera de la sala de operaciones. Fueron horas interminables. Entraba y salía gente, pasó mucho tiempo y sin ninguna noticia de lo que estaba aconteciendo adentro. En ese transcurrir de tiempo pasó la historia de nuestra vida juntos. Muchos años luchando, cuidando de nuestros hijos, enfrentando situaciones.

Cuando me casé (con apenas 17 años) asumí el compromiso de hacerlo para siempre. Mucha gente no entendía cómo iba a unir mi vida a una persona con una condición física degenerativa, para la que no existe cura.

No comprendían que dentro de ese cuerpo enfermo, habita un hombre extraordinario, inteligente, buen padre, buen esposo, que ama a Dios por sobre todas las cosas.

Ese hombre maravilloso se estaba debatiendo entre la vida y la muerte en aquella sala de operaciones. Sus intestinos se habían perforado y había que evitar que su cuerpo se llenara de impurezas a consecuencia de tal condición.

La otra noticia, en el peor de los escenarios, era que tendría que vivir con una colostomía el resto de su vida.

Recuerdo que miré mis manos, observé mi anillo de matrimonio... mi alianza, y le dije al Señor: "Creo en ti, confío en tu Palabra. Tú no nos dejarás ni nos desampararás".

En ese momento me invadió la paz que solo Él puede dar, me sequé las lágrimas, respiré profundamente y esperé hasta que aquellas puertas se abrieron y me dieron la noticia de que todo había salido bien. Su sistema iba a funcionar normal. Ese es el

Dios al que le sirvo. El que dice en su Palabra: "Aunque ande en valle de sombra de muerte no temeré mal alguno, porque tú estarás conmigo" (Salmo 23:4).

# ORACIÓN

"Amado Jesús, Dios de mi vida, me acerco a ti con la certeza de que me oyes, sabiendo que no importa el valle de sombra que esté pasando, tú estás conmigo. Aun siendo incierto el mañana has prometido estar conmigo hasta el fin. Te pido que tomes el control absoluto de mi vida, que calmes toda ansiedad, que quites todo temor. Y que llenes mi vida de la paz que solo tú sabes dar.

"Estoy en tus manos, mi familia está en tus manos, tengo convicción absoluta del amor que nos tienes. Por eso confío en que todo obrará para bien."

## *siete*

# SEÑORA ÁVILA

## UNA MADRE QUE ORA POR SU HIJO

ESPERO QUE MI testimonio como mamá pueda servir de luz y esperanza a muchas otras madres. La noche del 25 de noviembre de 2008, cuando mi hijo llegó del trabajo a las once, le dije:

—Te tengo una canción —y añadí—: Pon la número cinco.

La canción se llamaba: "Anoche llegaste tarde".

—Está bien mamá, vamos a escucharla —me dijo. Y al terminar se puso a llorar. —¿Qué te pasa? —le pregunté.

—Soy malo mamá —contestó.

La única palabra que salió de mi boca fue lo que él andaba haciendo. Nadie en mi familia sabía lo que por muchos años lo tuvo atado a Satanás. Así que le dije:

—Vamos a orar —y empecé a gritarle a Jehová.

Solo me enfocaba en la pared con mi mano alzada y apuntando con el dedo. Reclamándole, pero gritando con toda mi voz. Le dije que le buscaba mañana, tarde, noche y madrugada.

Porque Él es mi respirar y mi todo. Por eso me sentía con derecho y le decía a Jehová: "¿Me vas a dejar avergonzada delante de Satanás? Yo no te pedí este hijo, yo tenía un aparato para no tener hijos, y me lo diste". Y le dije: "Te lo regreso".

Mi hija Talya se levantó a las 12 de la noche debido a los gritos y me preguntó qué pasaba. Se asustó cuando supo la razón de aquellos gritos. Y le dije:

—¿Te vas a asustar?

Ella respondió:

—No, no hermano, no te perderemos.

Talya, mi hija, oraba humillada de rodillas. Con llantos.

Después de un rato, mi otra hija —Denys—, se levantó a la una de la madrugada por la gritería. Al principio no podía comprender la razón, estaba más dormida que despierta, hasta que pudo reaccionar y entendió todo. Denys clamaba con autoridad. Casi se caía al piso. Yo la tenía que sostener para que no se cayera. Mis dos hijas hablaban en lenguas celestiales mientras yo lo hacía con autoridad.

A las 2:30 de la madrugada quise despertar a mi esposo para vengarme de él. Pues pensaba que todo el abuso verbal al que nos había sometido a cada uno de nosotros fue la razón que permitió que Satanás entrara al cuerpo de Arturito.

Qué bueno que no lo hice, pues no se hubiera producido la sanidad divina que ocurrió esa noche. Mi esposo duerme muy profundo. Por eso no escuchó ninguno de los gritos, sé que Dios lo mantuvo dormido.

Seguí orando hasta que casi perdí la voz. Talya seguía humillada y Denys clamando por sanidad. En un momento, mi hija Talya y yo vimos salir sangre de su nariz. Él padece de alergias y nunca sangra. Esa noche sangró. No sé si fue la sangre de Cristo que lo limpió. Pero cuando esa sangre salió de su nariz, supe que fue liberado y que sus cadenas fueron rotas.

Mi hija Talya vio que su rostro se desfiguró y que salió un monstro de su cuerpo. En ese instante mi hijo dijo: "Soy sano mamá, estoy sano, puedo levantar las manos limpiamente". Salimos al balcón a ver el cielo y a agradecerle a Dios que había sanado a mi hijo.

Terminamos como a las 4:30 de la mañana. Después me acosté con mi hijo, como toda una madre que guerreó por su vida. Pues estaba muerto, pero ahora vive. No sé a qué hora de la mañana sentí que me apuñalaban el corazón, me levanté de la cama y me fui acostar con mi esposo. Sentí la muerte, pero me dije: "No importa que muera, mi hijo está sano".

A las 9 de la mañana empezamos a orar de nuevo y decidimos

ayunar. Sentí que mi cuerpo se arrastraba por lo cansada que estaba. Al otro día, mi hijo le contó todo a su papá. No esperábamos esa reacción de mi esposo, fue pasivo. Mi hijo le pidió que se arrodillara con él para darle gracias a Dios porque lo había sanado.

El año del 2009, mi hijo se inscribió en una escuela bíblica para recibir instrucción. Y en la iglesia que nos congregamos se encarga del sonido. Yo soy parte del equipo de oración en los servicios en inglés. Dios ha hecho un verdadero milagro en la vida de mi hijo, por eso este testimonio no se puede callar. Ahora sí me siento hija del Rey de reyes y Señor de señores. Estamos agradecidos y apasionados con Dios ya que tuvo misericordia de nosotros.

"Jehová Dios, te suplico, te imploro, desde lo más profundo de mi corazón, que protejas a mi hijo de toda enfermedad, accidente y muerte. Quisiera escoger las palabras más bellas para que inclines tu oído a mí. Pero reconozco que mis súplicas son simples y sinceras. Y serán cumplidas, porque has dicho que si te pongo en primer lugar todas las cosas se cumplirán. Todas estas cosas te las entrego por medio del único que puede llegar a ti, mi salvador Cristo Jesús, amén."

## *ocho*

# OMAR CINTRÓN

## TESTIMONIO DE UN ADORADOR

MUCHOS TESTIFICAN DE su pasado y de la manera en que Dios los salvó. Yo tengo una historia distinta, pues toda mi vida le he servido al Señor, gracias a mis padres Samuel y Nilda Cintrón. Ellos son un ejemplo muy importante ya que crearon la base fundamental en mí, que es amar y creerle a Dios sobre todas las cosas. Una vez más se cumple lo que dice la Biblia: "Instruye al niño en sus caminos, y aun cuando fuere viejo no se apartara de él" (Proverbios 22:6). Los años pasan y sigo enamorado de mi Dios.

Pertenecí a un grupo musical, los Hermanos Cintrón, y Dios nos dio la oportunidad de viajar y ver cómo la música cristiana crecía alrededor del mundo.

Yo era demasiado tímido para pedirle a alguien que levantara sus manos y adorara conmigo. Pero, a pesar de mi lucha, acepté el llamado que Dios me hacía. Comprendí entonces que Dios quiere que dejemos de confiar en nuestras habilidades y que descansemos en su poder infinito.

Las cosas no salen bien porque seas bueno en lo que haces. En el ministerio, las cosas salen bien porque es Dios quien te respalda. Tuve que decirle: "Señor, me entrego en tus manos, enséñame el camino por donde debo andar". La Biblia dice que Él es lumbrera a nuestro camino.

Gracias al reto que acepté, hoy adoro a mi Dios de todo corazón. Entendí lo que era ser adorador. Es más que un estilo nuevo, es lo que cada cristiano debe vivir a diario. La adoración es un estilo de vida, no es lo que hacemos los domingos por la mañana. La adoración debe ser tu vida toda la semana.

No sé cuál es el reto que Dios te está lanzando o proponiendo hoy, pero Él dice en su Palabra: "Clama a mí y yo te responderé" (Jeremías 33:3). Sea cual sea tu petición, Dios te la concederá. La Biblia afirma: "Deléitate así mismo en Jehová y él te concederá las peticiones de tu corazón" (Salmo 37:4). Así que deléitate en adoración a Él y verás tu vida cambiar.

Te reto a ser mejor adorador, te conviene más a ti que a Él. Ora conmigo:

> "Dios, gracias por la oportunidad que me das de poder ser un instrumento creado por ti. Entrego todas mis fuerzas, todos mis talentos, a tus pies y desde hoy en adelante seré un adorador. Te adoro con excelencia y te doy lo mejor de mí; reconozco que nada en este mundo sucede sin que tú lo permitas. Eres lo mejor que me ha pasado y por eso te doy gloria, honra y honor. Amén".

*nueve*

# DORA VÁZQUEZ

## LA ORACIÓN DE UNA
## MUJER ABANDONADA

A TODOS MIS AMIGOS y hermanos que están pasando por una prueba como la que atravesé —la separación matrimonial y una vida solitaria con los hijos—, les pido que me permitan que les diga que aunque es una situación nada fácil, no es imposible de superar.

Una oración sencilla, sin palabras rebuscadas, con todo el corazón en lo que dije, así fue mi oración, como la de Ana, directa, informándole al Señor lo que Él sabía que había en mi corazón: rabia, dolor, frustraciones, miedo a seguir sola con dos niños... Solamente le dije: "Señor, si me ayudas a seguir adelante con mis hijos para que terminen sus estudios, te prometo que siempre los traeré a tu casa y les enseñaré tu Palabra".

Dios oyó esa sencilla oración y, aunque fueron años difíciles, yo hice lo posible y mi Dios hizo su parte: lo imposible.

Dora fue una mujer abandonada por su marido, vivió sola con sus hijos y un salario que apenas le alcanzaba para cubrir todas sus necesidades. Pero con una fe y seguridad de que su Dios supliría cada una de sus necesidades... esa mujer valiente es mi señora madre.

Es una mujer que NO se mantuvo atrapada en su pasado, porque eso la mantendría asociada con todas esas emociones negativas, las cuales eran una carga demasiado pesada para llevar.

Por el contrario, ella hizo suyas las promesas del Señor e hizo

lo que en Jeremías 33:3 dice: "Clama a mí, y yo te responderé".
Así que clamo a su Dios y Él le respondió honrándola.

Si te pregunto, ¿cuántas veces te ha fallado Dios?; si te pido que busques en tus recuerdos, en las memorias que tienes de tu pasado y me digas ¿cuántas veces te ha fallado el Señor?, ¿qué me dirías?

Nosotras te podemos contestar, sin lugar a dudas, que Él nunca nos ha fallado. Siempre es bueno y refrescante que alguien nos recuerde que tenemos a un Dios fiel, un Dios que cumple sus promesas, que tenemos un Dios que escucha nuestra oración y que definitivamente NO es ajeno a lo que nos está sucediendo.

# Tercera parte:

## ORACIONES

*uno*

## Oración por un hijo

*Padre, vengo a ti en el nombre poderoso de tu Hijo amado, nuestro Señor y Salvador Jesucristo.*

*Señor, tú que todo lo sabes, te presento la vida de mi hijo para que tomes control absoluto de él.*

*Me rindo en tus manos y descanso en ti ya que sé que me entiendes; soy tu hijo y tú mi Padre.*

*Ahora mismo te pido que extiendas tu mano misericordiosa sobre la vida de mi hijo y envíes tus ángeles alrededor de él para que lo guarden de todo peligro y de toda mala influencia, accidente y enfermedad.*

*Mi hijo queda en tus manos y mi vida también.*

*He orado creyendo y recibo por fe tu paz.*

*Gracias porque sé que me escuchas. No estoy solo, tú estás conmigo como poderoso gigante. Amén.*

*dos*

## Oración por el matrimonio

*Señor, gracias por el privilegio de poder hablar contigo.
Gracias por la bendición del matrimonio. En este momento te pido que me ayudes a seguir adelante en esta relación con mi cónyuge.*

*Te lo presento y te lo entrego para que tomes todo el control y para que siempre seas tú el centro de esta relación.*

*Permite que de aquí en adelante podamos hacer nuestra vida acompañados de ti ya que sé que fuera de ti solo existe el fracaso y quiero que mi matrimonio salga adelante y que sea ejemplo para los demás.*

*Tu palabra dice que sin ti nada podemos hacer, por eso te pido que me ayudes a ser de bendición a mi cónyuge, a no faltarle el respeto, a amarlo como tú amas a la Iglesia.*

*Ayúdame a ceder en los momentos necesarios, aunque a veces no quiero, pero sé que tú quieres lo mejor para mi matrimonio.*

*Danos sabiduría, discernimiento, autocontrol y que tu Espíritu Santo siempre nos dirija en cada decisión que tengamos que tomar. En el nombre poderoso de Jesús he orado creyéndolo, amén.*

# *tres*

## ORACIÓN POR SANIDAD

*Amado Dios, vengo a ti en el nombre poderoso de tu Hijo amado Jesús, agradecido y con fe en ti.*

*Sé que en tu nombre podré ser sano, aumenta mi fe cada día y enséñame a esperar confiado en ti.*

*Creo firmemente que por las heridas de Cristo, que se convirtieron en llagas en la cruz del Calvario, he sido sanado de la enfermedad que atormenta mi cuerpo.*

*Declaro que toda enfermedad es expulsada de mi cuerpo por los méritos de Jesucristo en la cruz y que su preciosa y poderosa sangre me cubre, dándome libertad y salud.*

*En tu nombre he orado Jesús, creyendo que he obtenido mi sanidad, amén.*

# *cuatro*

## ORACIÓN POR LOS MINISTROS DEL SEÑOR

### Apóstol Dr. Ángel L. Rosado

*Padre eterno, en el nombre de tu Hijo Jesús oramos y decretamos lo mejor a favor de todos los obreros y ministros tuyos que con honor e integridad laboran en tu viña. Oramos que el Espíritu Santo les cubra con tu bendición.*

*Declaramos que el espíritu de sabiduría, de poder y tus dones descansen sobre cada uno de ellos.*

*Te rogamos que tu Espíritu repose sobre ellos y que avive su entendimiento.*

*Entiendo que los has llamado y los has ungido para servir a tu obra y para la predicación de tu evangelio.*

*Oro y declaro que ninguna arma forjada en contra de ellos prosperará, y que todo mal que se desarrolle en contra de sus vidas, para juzgarlo, sea destruido en el nombre de Jesús.*

*Señor, te ruego que los prosperes física, espiritual y económicamente.*

*Declaro que, en el nombre de Jesús, se han de mantener firmes siguiendo el ejemplo y el modelo de nuestro Señor en todo aspecto de su ministerio.*

*Pedimos que guarden su fe, su integridad, su humildad y su amor en Cristo Jesús.*

*Señor, oramos para que cada día les des más fuerzas para hablar tu Palabra, y creemos que abrirás puertas para que sus labios proclamen tu Palabra con denuedo, como es necesario que se haga. Satanás, te atamos a ti* y a todo espíritu maligno que atente contra la vida de los siervos de Dios, y atamos todo espíritu contrario a su familia, en el nombre de Jesús.

Intercedemos por sus vidas rogando tu protección y confesamos que ahora mismo tu bendición sea sobre ellos, sus familias y sus ministerios, en el nombre de Jesús.

Gracias, Señor Jesús, por tu favor con sus vidas.

Y esto lo pedimos en el nombre que es sobre todo nombre, el nombre de tu Hijo amado, Jesús. ¡Aleluya, amén!

*cinco*

# Oración de confesión y súplica

## *Ephraim Rivera Tormos*

*Dios eterno y todopoderoso, en reverencia, confianza y agradecimiento me acerco a tu trono de gracia y misericordia, por los méritos de Cristo Jesús, tu Hijo amado y Redentor de todos los que le han recibido y le sirven como Rey y Señor de sus vidas.*

*Tú, el que todo lo sabes y todo lo ves. Te ruego que seas propicio al clamor de tu pueblo, que invoca tu nombre y derrama su alma en súplicas ante todo el estado de cosas que estremecen y afligen a esta sociedad.*

*Reconocemos que a causa del pecado que nos separa de ti, vivimos aterrorizados por la violencia en todas sus manifestaciones, que día a día inutiliza y mata hombres, mujeres y niños. Somos atropellados y maltratados por el engaño, la mentira, el fraude y el robo. Respiramos una atmósfera de terror, intimidación, inseguridad, desesperación e incertidumbre. Vagamos decepcionados, frustrados, perplejos, desorientados y ansiosos, por cuanto como tu pueblo Israel, te dejamos a ti, fuente de agua viva, para cavar cisternas, cisternas rotas que no detienen aguas; y hemos desfallecido y las fuerzas nos faltan para avanzar en este recorrido hacia nuestro destino.*

*Hoy confesamos nuestros pecados y nos arrepentimos de todo lo desagradable y vergonzoso que hemos hecho delante de ti, y suplicamos que en tu gracia y tu misericordia, vuelvas a nosotros los ojos de tu favor y nos perdones una vez más.*

*Arranca de nuestro corazón la arrogancia, la altivez de espíritu, el orgullo, la envidia y la discordia, la pereza y la indolencia espiritual. Sumérgenos en un bautismo de tu amor que acabe con la falta de gracia en nosotros; y que a la vez nos impulse a ser comprensibles y misericordiosos, afables y sinceros, sencillos y serviciales con los demás. Pásanos por un bautismo de fuego para que el Espíritu Santo queme y consuma en nosotros toda hipocresía, murmuración e indiferencia, como la que nos ha mantenido divididos y fragmentados; en medio de pugnas y contiendas por intereses y cosas triviales y carnales.*

*Perdónanos por haber marcado fronteras de separación y exclusivismo, excluyendo y marginando según nuestros criterios particulares y en franca violación al principio de unidad en amor; y por atrincherarnos como tribus en competencia que combaten una contra la otra, en lugar de servirnos por amor los unos a los otros. Envía otra vez, como en Pentecostés, un viento recio que derrumbe las barreras del sectarismo y la separación, que arranque y barra toda pared intermedia de separación, toda línea fronteriza; para que se cumpla el deseo de tu corazón: Que seamos uno en ti como tú eres en nosotros. Que la próxima generación reciba como herencia una iglesia y un ministerio sin paredes ni fronteras, que haya superado sus diferencias, que reconcilie y promueva la solidaridad bajo tu señorío y la dirección de tu Espíritu Santo.*

*Esto, Padre, te lo imploro con plena convicción en tu Palabra fiel, verdadera y digna de ser recibida por todos, la misma que declara que si pedimos conforme a tu voluntad, nos has de oír. En el glorioso nombre de Cristo tu Hijo y Señor nuestro, amén.*

*seis*

## Oración por mis lectores

"Hubiera yo desmayado, si no creyese que veré la bondad de Jehová en la tierra de los vivientes" (Salmo 27:13).

Dios ha visto el esfuerzo y el anhelo de tu corazón para llegar hasta aquí, al final de mis escritos. Te agradezco el viaje que realizaste conmigo desde el inicio del mismo. Es mi oración al Todopoderoso que te bendiga y que sus oídos estén atentos a tus súplicas y peticiones.

Yo no sé cuál es el escenario de tu crisis, cuáles son tus problemas o necesidades, pero si deseas que ore por ti, te invito a visitar mi página web: *www.orandopormi.com* o escribirme a mi correo electrónico: *robwal641@gmail.com* y gustosamente estaremos levantando clamor por ti diariamente hasta ver realizado el favor de Dios en tu vida y en la vida de los tuyos.

Recuerda que pueden haber 40,000 persona juntas y, sin embargo, a Dios no se le escapa tu dolor ni tu problema. Toma la victoria en tus manos, levántate y conquista.

**¡Comencemos a sanar!**

*Padre, en el nombre de Jesucristo tu hijo amado, vengo ante ti para darte primeramente las gracias por tu amor y por tu bondad. Gracias porque estás atento al clamor de tu pueblo, oh Señor.*

*En esta hora te pido que cada lector, amigo y hermano que tenga este libro en sus manos sean bendecidos por ti, reciban tu paz y la dirección de tu Espíritu Santo.*

*Te pido que cada uno de ellos pueda conocer su identidad en ti, que entiendan cuál es su papel como hijos y herederos de tu reino. Que puedan mantenerse conectados a tu corazón, sujetados a ti mi Dios.*

*Que cada uno de mis lectores pueda tomar la decisión de comprometerse contigo y con este evangelio que nos fue entregado. Que puedan ser hombres y mujeres de influencia, de carácter firme, sabios y apasionados por el reino.*

*Creyentes de propósito, de destino, responsables con los talentos que has puesto en sus manos y con la disposición de edificar el Cuerpo de Cristo.*

*Te pido que sean valientes y esforzados, que usen la autoridad que les entregaste y que NO DEJEN DE RESPIRAR... en el nombre de Jesús, amén.*

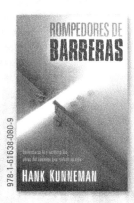